Die Gesellschaft 2015

Erzengel Gabriel / Christoph Fasching

Die Gesellschaft 2015

Eine Anleitung zur Bildung
einer neuen Gesellschaft
in der 5. Dimension

ch. falk-verlag

Originalausgabe
© ch. falk-verlag, seeon 2010

3. Auflage, August 2010

Umschlaggestaltung: Dirk Gräßle, München
Satz: P S Design, Lindenfels
Druck: Druckerei Sonnenschein, Hersbruck

Printed in Germany
ISBN 978-3-89568-216-2

Inhalt

Danksagung

Mein Dank gilt der großartigen Frau an meiner Seite dafür, dass sie die Umstände, die zu diesem Buch geführt haben, so gelassen hingenommen hat. Meine liebste Elli, ich danke dir dafür, dass du trotz deiner anfänglich skeptischen Haltung zu meiner Gabe des Kontakts zur Welt des Lichts offen geblieben bist und mich unterstützt hast, dieses Buch zu Ende zu bringen. Ohne dein Verständnis wäre mir dies nicht möglich gewesen. Ich danke dir und ich liebe dich dafür noch mehr, als ich dich ohnedies seit unserer ersten Begegnung liebe!

Ich bedanke mich bei einer großartigen Lehrerin, die mir in sehr kurzer Zeit soviel über die Welt des Lichtes beigebracht hat und mir geholfen hat, meine Fähigkeit zu entdecken. Ich danke dir, liebe Ursula, für deine einfühlsame Unterstützung und deine Hartnäckigkeit, wenn ich vom Weg abgekommen bin. Du hast dazu beigetragen, aus mir einen anderen Menschen zu machen, der die Liebe für sich und die Welt neu entdeckt hat. Ich danke dir aus allertiefstem Herzen!

Besonderen Dank möchte ich dir, meiner Mutter, aussprechen und meine große Freude zum Ausdruck bringen, dass du dieses Buch Korrektur gelesen hast, ohne zuvor eine Idee davon zu haben, welchen Inhalt ich dir hier präsentiere. Du hattest keine Ahnung davon, dass ich diese Verbindung in die Welt des Lichts habe, und ich freue mich ganz besonders darüber, dass unser Kontakt und unser Verhältnis zueinander auch durch dieses Buch wieder die Form angenommen hat, die ich mir all die Jahre tief in meinem Herzen gewünscht habe.

Mein Dank gilt meinen lieben Freunden, die mich während meines Entwicklungsweges vom beinharten Geschäftsmann zum mitfühlenden Menschen, der Verständnis für die menschliche Seite gewonnen hat, so sehr unterstützt haben. Ihr wart für mich da, ohne zu wissen, was gerade in mir vorging. Ich habe aus Angst, ihr könntet mich als Spinner bezeichnen, lange meine Fähigkeit vor euch verborgen, und jetzt fühle ich mich erleichtert, dass ihr so sehr an mich geglaubt habt!

Nicht zuletzt möchte ich meinen Seelenzwillingen danken, die mich durch alle Situationen meines Lebens – durch alle Höhen und Tiefen – begleitet haben. Ich weiß es sehr zu schätzen, dass ihr mich vor weitaus schlimmeren Erfahrungen beschützt habt und dass ihr Tag und Nacht an meiner Seite wacht, um dafür zu sorgen, dass ich diese Botschaft an die Menschheit übermitteln kann. Ich spüre zusehends mehr eure Anwesenheit und freue mich darauf, irgendwann mit euch wieder vereint zu sein!

Meinem Höheren Selbst sei besonders gedankt, dass es mich mit so vielen Ratschlägen und Informationen über die aktuelle Entwicklung in meiner Umgebung auf dem Laufenden gehalten hat, damit ich mich in Ruhe auf diese Zeilen konzentrieren konnte. Ich bedanke mich für die aufmunternden Worte, wenn ich einmal zwischendurch zerknirscht und ohne Antrieb war. Ich bedanke mich für die vielen Melodien und Liedertexte, die du mir in den Kopf gesetzt hast und mich nach und nach zu verstehen gelehrt hast, was du mir damit sagen möchtest. Ich danke dir dafür mit allem, was ich bin – ein Teil von dir!

Zum Abschluss gilt mein Dank demjenigen, der dies alles überhaupt erst ermöglicht hat. Ich bedanke mich bei meinem höchsten geistigen Führer für die Eingebungen und die vielen Informationen, die in dieses Buch eingeflossen sind. Ich bedanke mich bei der höchsten Instanz meiner Existenz für die Ehre, dieses Buch unter seiner Anleitung schreiben zu dürfen. Ich danke dir, mein lieber Erzengel Gabriel, für die zahlreichen Stunden in engster Verbundenheit, aus der dies alles entstanden ist. Ich bedanke mich für deine Inspiration und für die Offenheit, meine Fragen so detailliert zu beantworten. Ich bedanke mich für deine Liebe, die du mich jeden

Tag spüren lassen hast und die mich jeden Tag aufs Neue gestärkt hat. Ich danke dir mit meiner ganzen Liebe, zu der ich fähig bin, und ich danke es dir dadurch, dass ich die von dir empfangene Liebe an alle Menschen weiterleite – mögen diese Zeilen die Magie deiner Liebe an alle Leser übertragen!

Einleitung

Über das Thema des Aufstiegs der Menschheit in die 5. Dimension wird heute viel geschrieben, im Internet verzeichnet Google dazu bereits über 120.000 Einträge. Aus meiner Sicht wird aber viel zu wenig öffentlich darüber gesprochen und über bekannte Fakten diskutiert. Wenn man derzeit in die Buchhandlungen geht, so stellt man fest, dass es unzählige Bücher gibt, die das Datum 2012 thematisieren, phantasievoll ausgeschmückte mystische Szenarien dramatisch darstellen und vom vorhergesagten Weltuntergang ausgehen – mit fundierten Informationen über den Aufstieg der Menschheit in die 5. Dimension haben jedoch die wenigsten etwas zu tun. Es fehlt eine detaillierte Beschreibung, welche Vorgänge auf der Erde derzeit im Gange sind und worauf sich die Menschheit freuen kann, wenn sie in der 5. Dimension angekommen ist. Ich möchte hier zusätzliche Informationen übermitteln, damit die heutige Gesellschaft schon jetzt Überlegungen anstellen kann, was es bedeutet, in der nächst höheren Dimension des menschlichen Bewusstseins zu leben.

Der Mensch ist dabei, die Getrenntheit zu verlassen und in seiner Entwicklungsstufe einen Meilenstein voranzukommen. Das neue Bewusstsein baut nicht mehr auf der Getrenntheit von allen und allem auf, sondern basiert auf der Rückkehr des Menschen zur Einheit. Die Verbundenheit des Menschen mit allen anderen Komponenten des Universums steht im Mittelpunkt der Veränderungen. Sein neues Bewusstsein baut darauf auf, dass er eine Einheit bildet mit allen anderen Menschen, der Natur, der Mutter Erde und allen anderen Gestirnen und Wesen im Universum.

Dieses Buch geht über das Jahr 2012, zu dem dieser Wandel des menschlichen Bewusstseins abgeschlossen sein wird, hinaus und projiziert die Entstehung einer völlig neuen Gesellschaftsform – aufbauend auf dem geweiteten Bewusstsein der Einheit. Der Inhalt dieses Buches dient nicht nur zur Information, sondern ist auch als Aufforderung an Sie als Leser zu verstehen, diese Informationen zu verbreiten und aktiv Diskussionen zu führen, denn nur so kann der Übergang fließend und ohne größere Irritationen vonstatten gehen.

Dieses Buch besteht einerseits aus Anleitungen von Erzengel Gabriel, der uns damit auf den Aufstieg in die 5. Dimension und das veränderte Leben im Anschluss vorbereiten möchte. Zum anderen besteht es aus Fragen, die ich zum besseren Verständnis für mich und für die Leser an die Wesen des Lichts gerichtet habe. Die umfangreichen Antworten ergänzen dieses Werk ebenso wie die vielen Botschaften, die ich im Vorfeld und während der Entstehung dieses Buches übermittelt bekommen habe. Sie halten eine Botschaft in Händen, die an die gesamte Menschheit gerichtet ist!

Begrüßung durch Erzengel Gabriel

Seid gegrüßt, ihr Engel auf Erden! Ich segne euch mit der größten Eigenschaft Gottes – ich segne euch mit der unendlichen Liebe unseres Schöpfers. Seid gegrüßt, ihr Abbilder unseres Herrn. Ich bin Erzengel Gabriel und führe euch durch dieses Buch.

Die Welt ist an einem Wendepunkt angelangt, an dem es darum geht, dass der Mensch einen Teilabschnitt seiner Entwicklung abschließt, der in der Form der Getrenntheit voneinander und von allem anderen stattgefunden hat. In diesem Bewusstsein glaubte der Mensch, dass er der Einzige auf dieser Welt sei, der sein Leben und seine Geschicke steuert. Dadurch war er bislang der Meinung, dass er hier ganz auf sich alleine gestellt sei und daher mit allen Mitteln kämpfen müsse, um am Leben zu bleiben und sich langfristig abzusichern, damit er nicht irgendwann verhungern müßte. Um das zu erreichen, war der Mensch im Laufe der Zeit sehr erfinderisch und hat alle möglichen Entwicklungen und Erfindungen gemacht, um sich ein Vermögen anzuhäufen und ein gesichertes Leben ohne Hunger und ohne gröbere Einschränkungen zu gewährleisten. Nachdem ein jeder das wollte, ist es mehr als nachvollziehbar, dass daraus mehr und mehr Machtkämpfe entstanden sind, wobei auch vor der Vernichtung des Anderen nicht zurückgeschreckt wurde.

Dies wird sich nun ändern, denn der Mensch verlässt diese Ebene des Bewusstseins und steigt empor auf die nächste Entwicklungsstufe. Jetzt wird dem Menschen wieder bewusst, dass er als Einheit mit allen anderen Menschen, mit der Natur und mit dem höchsten Schöpfer existiert. Diese Einsicht wird weitreichende Folgen für das Zusammenleben der Menschen haben, welche auf diesen Seiten skizziert und vorausgesagt werden. Eine neue Sichtweise der Gesellschaft entsteht, und daraus leitet sich eine Vielzahl von Veränderungen ab. Der Weg dorthin wird ebenfalls skizziert und erklärt, warum gewisse Ereignisse notwendig sind, um den Aufstieg in die 5. Dimension überhaupt möglich zu machen. Eine Reise in die Zukunft der Menschheit, die dazu beitragen soll, dass dieser Prozess rasch absolviert werden kann und die Menschen auf diesen Moment des Übergangs frei von Ängsten vorbereitet sind, damit der Prozess friedvoll und freudig vor sich gehen kann. Das ist die Absicht dieses Buches.

Frage: Wir kennen den Erzengel Gabriel aus der Literatur, aus der Bibel und vielen Legenden. Doch die wenigsten haben angenommen, dass es dich wirklich gibt. Kannst du uns bitte verraten, wer du nun tatsächlich bist?

Die Erzengel wurden im Zuge der Schöpfung des gesamten Universums von Gott dazu eingesetzt, in seinem Auftrag dafür zu sorgen, dass das Universum seinen Zweck erfüllen kann. Sein Zweck liegt darin, den Seelen, die allesamt Teile von Gott sind, eine Möglichkeit zu geben, in materieller Form ein Leben führen zu können, um darin Erfahrungen zu sammeln und Weisheit zu erlangen, was ihnen in Form von Licht und Energie so nicht möglich ist. Unsere Aufgabe ist es, dies zu gewährleisten und dafür zu sorgen, dass diese Erfahrungen wie gewünscht gemacht werden können und dass die Erlangung von Weisheit durch Lebenserfahrung und Erkenntnis daraus gefördert wird. Nachdem dieser Erfahrungsprozess über mehrere Entwicklungsstufen abläuft, ist jetzt der Zeitpunkt gekommen, um dies in einer veränderten Bewusstseinsform zu ermöglichen – deshalb jetzt der Aufstieg in die nächste Dimension des menschlichen Bewusstseins. Wir Erzengel arbeiten mit den Aufgestiegenen Meistern zusammen, die allesamt ihren Inkarnationszyklus auf der Erde bereits absolviert haben und dadurch über alle Erfahrung verfügen, die die Erfahrungsvielfalt auf der Erde ermöglicht. In dieser Zusammenarbeit bereiten wir die Welt soweit vor, dass dieser Übergang in die nächsthöhere Bewusstseinsstufe problemlos möglich wird. Unsere

Aufgabe als Erzengel ist, dafür zu sorgen, dass alle Abläufe auf der Erde im Rahmen des Schöpfungsauftrages möglich werden. Meine spezielle Aufgabe ist die Verkündung des Wortes Gottes, und dafür bediene ich mich verschiedenster Medien auf Erden, die für mich zu euch sprechen. Dies geschieht in unterschiedlichster Form – Bücher sind eine dieser Möglichkeiten.

Frage: Welche Voraussetzungen muss der Leser mitbringen, um dieses Buch zu verstehen?

Die Voraussetzungen, die ein Leser für dieses Buch mitbringen soll, sind einfach erklärt. Er muss lediglich Neugier in Bezug auf seine Zukunft und die Zukunft der Menschheit mitbringen und die Bereitschaft, zu akzeptieren, dass nicht nur die Dinge, die man sehen und berühren kann, sondern auch noch andere Wesen im Universum existieren. Er kann getrost davon ausgehen, dass wir alle nur das Allerbeste für alle Menschen beabsichtigen. Sonst sind keinerlei Voraussetzungen notwendig.

Frage: Wie kommt es, dass zwar mittlerweile immer mehr Menschen Kontakt zu ihren geistigen Führern haben und so viele davon noch gar keine Ahnung haben und uns belächeln oder uns für verrückt halten?

Ja, es ist richtig, dass immer mehr Menschen den Weg zu uns finden und dadurch einen völlig neuen Blick auf ihr Leben erhalten und mit Liebe und Weisheit gestärkt werden. Dass andere Leute, die für sich noch nicht akzeptieren können, dass es die Welt des Lichts gibt, damit ein Problem haben, ist verständlich. Du wirst sehen, dass die Zahl derer, die dafür offen sind, immer mehr wächst. Sehr bald wird eine kritische Masse erreicht sein, die darauf vertraut, dass sie Führung aus dem Licht erhält und dass diese Führung ausschließlich zu ihrem höchsten Wohl geschieht. Ich kann allen Medien und allen dafür offenen Menschen nur sagen: Lasst euch nicht entmutigen, denn eure Zeit wird bald kommen, und die Welt braucht euch alle dann nötiger als je zuvor!

Frage: Was ist die Aufgabe unserer geistigen Führer?

Jeder Mensch besitzt eine Reihe von Schutzengeln, deren Aufgabe es ist, dafür zu sorgen, dass die Erfahrungen, die ihr im Laufe eures Lebens machen möchtet, auch tatsächlich eintreten, denn so habt ihr es vor eurer Reinkarnation in Auftrag gegeben. Sie schützen euch vor ungewollten Ereignissen und sorgen dafür, dass ihr eurem Auftrag gerecht werden könnt. Sie helfen euch auch, auf den Weg des Lichts zurückzufinden, wenn ihr diesen verlassen habt. Es geschehen tagtäglich winzige Kleinigkeiten, die alle von euren Schutzengeln herbeigeführt werden. Darüber hinaus habt ihr einen sogenannten höchsten geistigen Führer, der dafür sorgt, dass das gesamte Geschehen in eurem Leben in einer geordneten Bahn verläuft und ihr Führung aus der Sicht der Metaposition erfahrt. Genau diese eure Schutzengel und euren obersten geistigen Führer könnt ihr auch persönlich ansprechen und ihr werdet Signale empfangen, durch die ihr Antwort bekommt.

Frage: Warum hast du gerade mich ausgewählt, um dieses Buch zu schreiben?

Der Grund dafür ist, dass du durch deine große Lebenserfahrung, die du in dieser und den vielen bisherigen Inkarnationen gesammelt hast, über sehr viel Wissen verfügst. Das Wissen aus deinen Inkarnationen steht dir bereits jetzt zumindest in Grundzügen wieder zur Verfügung und wird dir bei der Bewältigung der auf dich zukommenden Aufgaben sehr behilflich sein. Du bringst daher die besten Voraussetzungen mit, um diese Botschaften zu verstehen, sie in die Sprache der modernen Menschheit zu übersetzen und vor allem Skeptikern offen für deren Zweifel und doch bestimmt gegenüberzutreten. Dein Einsatz, den du bereits im Vorfeld, wo von einem

Buch noch gar nicht die Rede war, an den Tag gelegt hast, der hat uns ebenso beeindruckt wie die Geschwindigkeit deiner spirituellen Entwicklung. Dies ist für uns eine freudige Beobachtung. Du hast in diesem Leben so viel erreicht und bist trotzdem auf dem Boden geblieben und ehrst die Natur und stellst dich den Menschen mit deiner ganzen Erfahrung zur Verfügung. Deine wertvollen Erfahrungen, die häufig schmerzhafter Natur waren, ließen wir dich nicht umsonst machen, denn diese haben dich geprägt und dir die Ausdauer und Zähigkeit für diesen Auftrag, als Botschafter des Lichts zu fungieren, verliehen. Du wirst dafür von den Menschen viel Dankbarkeit erfahren und deine Mühen werden sich sehr bald lohnen.

Du neigst zu Übertreibungen – ich erröte vor Scham und erblasse vor Ehrfurcht !?!

Sei nicht so bescheiden, du wirst unsere Botschaft in die Welt tragen, auch wenn es zum aktuellen Zeitpunkt noch viele Skeptiker geben mag. Deine Botschaften werden die Welt erreichen und schon bald die Menschheit auf dem Weg in die 5. Dimension begleiten.

Frage: Du meinst, die ganzen Kämpfe, Erniedrigungen und Machtspiele sollte ich ertragen, um diese Aufgabe erfüllen zu können? Habt ihr das alles so eingefädelt?

Wir leiten dich von deiner Geburt an gemäß dem Auftrag, den du uns vor deiner Wiedergeburt gegeben hast. Du wirst dich daran erinnern, dass du unser Gesandter bist, um genau diesen Auftrag zu erfüllen. Alle Erlebnisse in dieser Inkarnation dienten zur Vorbereitung auf diese Aufgabe, mit der du jetzt begonnen hast und deren Tragweite du noch gar nicht abschätzen kannst.

Frage: Siehst du die vielen Fragezeichen in meinen Augen?

Ja, ich kann sie sehen, doch bleib dran, du wirst ebenso wie alle anderen Leser im Laufe dieses Buches viele deiner Fragezeichen beantwortet bekommen!

Frage: Die ganzen Zufälle, von denen ich gesprochen habe – heißt das, dass es gar keine Zufälle waren?

Du musst wissen, dass es definitiv keine Zufälle im Leben gibt – alles geschieht aus dem Grund, dass du es entweder vor deiner Reinkarnation als gewünschte Erfahrung beauftragt hast oder dass du es aufgrund deiner Gedanken und Handlungen selbst herbeigeführt hast. Alles hast du entweder selbst vorbestimmt oder im Zuge deines Lebens selbst geschaffen. Dies gilt nicht nur für dich, sondern für alle Menschen im gesamten Universum!

Frage: Warum werden wir nicht mit dem Wissen bzw. den Informationen aus den konsolidierten Erfahrungen der vorangegangenen Inkarnationen geboren? Die meisten Menschen würden viel dafür geben, die anderen Leben im Kopf zu haben und möglichen erneuten Fehlern vorzubeugen. Warum müssen wir das alles wieder vergessen?

Das Vergessen hat den Zweck, dass der Mensch völlig unbeeinflusst auf diese Welt kommen und all die Erfahrungen machen kann, die er sich zuvor ausgesucht hat. Sollte er mit dem Wissen aus vergangenen Inkarnationen zur Welt kommen, dann wäre die Erfahrungsvielfalt in der Form nicht möglich und der Auftrag des Menschen könnte nicht in vollem Umfang erfüllt werden. Es spielt keine Rolle, ob der Mensch auf die Erfahrungen der früheren Leben zurückgreifen kann oder nicht – das gesammelte Wissen steht ihm nach Beendigung seines Lebens sofort wieder zur Verfügung und er profitiert mehr vom Leben, wenn er ohne Erinnerung zur Welt kommt.

Frage: Du hast mich beauftragt, auf meiner Website folgenden Hinweis zu veröffentlichen:

„Die Welt wird eine großartige Veränderung erfahren, und es ist von allergrößter Bedeutung, dass die Menschheit bereits im Vorfeld davon in Kenntnis gesetzt wird, damit sie sich darauf einstellen kann und möglichst vielen Seelen die Option eröffnet wird, sich entscheiden zu können, ob sie den Aufstieg mitmachen oder ob sie in der Getrenntheit verweilen möchten. Dies würde bedeuten, dass alle in der Getrenntheit verweilenden Seelen im Vorfeld die Erde verlassen und in die Welt des Lichts zurückkehren. Wir machen heute bereits allen Menschen klar, dass sie sich selbst entscheiden können, ob sie diesen Wandel mitmachen möchten oder ob sie lieber erst zu einem späteren Zeitpunkt auf die Erde zurückkehren und die Veränderungen erst dann spüren und ausleben möchten."

Soll das bedeuten, dass diejenigen Menschen, die sich auf der Seelenebene gegen den Aufstieg entschieden haben, noch einmal eine Chance bekommen sollen, um sich auf der bewussten Ebene für den Aufstieg zu entscheiden, und dass sie ansonsten vor dem Aufstieg sterben werden?

Es ist richtig, dass sich eine beträchtliche Anzahl von Menschen gegen den Aufstieg in die 5. Dimension entschieden hat. Diese Entscheidung trafen diese Menschen nicht bewusst – sie trafen sie auf der Traumebene, während ihr schlaft. Eure Seele verlässt dann euren Körper und kehrt in die Traumebene zurück, um dort ihre weiteren Erfahrungen zu planen und diese dann im bewussten Leben zu realisieren. Auf dieser Ebene haben viele Menschen entschieden, in der Getrenntheit verweilen und noch etliche Erfahrungen auf dieser Bewusstseinsebene machen zu wollen. Dies wird dann in weiteren Inkarnationen in einer passenden Epoche geschehen, denn euch stehen unzählige Epochen zur Reinkarnation zur Verfügung, die alle parallel ablaufen. Der Aufstieg in die 5. Dimension wird daher ohne diese Seelen erfolgen, und diese Menschen werden die Erde verlassen. Das geschieht einerseits durch vorzeitige Todesfälle, durch Unfälle, Katastrophen und andere Möglichkeiten, wie z.B. Krankheiten, die diese Menschen vorzeitig aus dem Leben reißen werden. Dies klingt alles dramatisch, doch es sollte euch bewusst sein, dass es sich hierbei um geplante und von eurer Seele gewünschte Vorgänge handelt.

Frage: Wie viele Menschen werden davon betroffen sein?

Die Anzahl ist unklar, da sich die Menschen jeden Tag anders entscheiden können und noch genügend Zeit bleibt, um eine endgültige Entscheidung zu treffen. Unzählige Seelen brennen darauf, auf der Erde zu inkarnieren, um das große Ereignis miterleben zu können, und jede Seele, die nicht reif ist, um daran teilzunehmen, wird ihren Platz hier auf der Erde freimachen.

Was ist die 5. Dimension?

Die Menschheit steht heute vor einem großen Wandel! Wenn wir einen Blick zurück in die Geschichte werfen, so sehen wir, dass große Imperien bereits vor Jahrtausenden entstanden sind, sich durch große Herrscher über weite Teile der Erde ausbreiteten und wieder zerfielen. Große Kriege, die oft die ganze Welt mit einbezogen, wurden geführt – Länder sind entstanden und wieder zerfallen. Große Wirtschaftsimperien sind entstanden, wurden zur Weltmacht und sind wieder zerfallen. Menschen kommen zur Welt – vollbringen Großes und zerfallen zu Staub und Asche. Nichts ist von Bestand – alles in Bewegung. Das ist der Kreislauf des Lebens, und genau darum geht es in diesem Buch.

Wenn man von Dimensionen spricht, so könnte man versucht sein, dies ins Reich der Mathematik oder Physik zu verweisen. Doch die hier verwendete Bezeichnung der 5. Dimension ist in keinster Weise mathematisch zu verstehen. Sprechen wir vielleicht besser von Entwicklungsstufen, wie z.B. ein Auto ganz zu Anfang nur auf dem Papier oder elektronisch in Form einer Zeichnung existiert – später wird ein Modell gebaut, und bis es dann letztendlich in Großserie vom Band läuft, vergehen viele weitere Entwicklungsstufen. Genau so ein Entwicklungsschritt steht der Menschheit jetzt bevor – mit weitreichenden Folgen für die Form ihres Zusammenlebens auf dieser Erde.

Wir leben heute in einer Gesellschaftsform, die man als Leistungsgesellschaft bezeichnen könnte. Es zählt, wer am meisten leistet, der wird am meisten dafür entlohnt, und wenn er obendrein auch noch schlau ist, so kann er sich auf Kosten der weniger schlauen und weniger fleißigen Menschen einen Vorteil verschaffen. Diese

Gesellschaftsform hat natürlich ihre Schattenseiten, denn man kann sie keinesfalls als sozialverträglich bezeichnen. So gibt es am Rande der Gesellschaft Unmengen von menschlichem Leid, Wut, Hass und Depression. Täglich verhungern in der Dritten Welt Tausende Menschen. In der fortschrittlichen und „reichen" westlichen Welt werden die Menschen, die am Rande der Gesellschaft leben, gerade einmal mit dem Nötigsten versorgt, um am Leben zu bleiben. Das Überleben alleine ist jedoch nicht Sinn des Lebens!

Die Menschheit und ihre Form des derzeitigen gesellschaftlichen Zusammenlebens ist geprägt von der Ausbeutung der Schwachen und der weniger Gebildeten. Doch diese Art des Zusammenlebens, die darauf beruht, dass sich der einzelne Mensch von den anderen Menschen, seinem Heimatplaneten und dem Universum als getrennt betrachtet, geht ihrem Ende entgegen.

Die 5. Dimension ist ein Zustand des Bewusstseins, den man als die Befreiung aus der Angst bezeichnen könnte. Alle Menschen werden davon betroffen sein, und alle werden binnen kürzester Zeit lernen, ihre Ängste zu überwinden und stattdessen Zuversicht und Lebensfreude zu empfinden. Ein Zustand, der im heutigen Leben vieler Menschen leider nur allzu selten vorkommt! Wir können diesen Aufstieg als die Befreiung aus der Abhängigkeit bezeichnen, denn alle Menschen werden ihre Abhängigkeiten aufgeben können und alles aus freien Stücken heraus entscheiden. Diese Befreiung hat weitreichende positive Konsequenzen für das Zusammenleben der Menschen, denn Verbindungen, die nur auf der Basis von Abhängigkeit und Angst begründet waren, werden sich auflösen.

Wir stehen vor dem Ende einer gesellschaftlichen Epoche und bereiten uns auf den Aufstieg in die nächst höhere Dimension des menschlichen Bewusstseins vor. Diese neue Epoche ist gekennzeichnet dadurch, dass der Mensch die Getrenntheit verlässt und erkennt, dass er eine Einheit zusammen mit allen anderen Menschen bildet. Diese Einheit geht sogar weit darüber hinaus und verbindet nicht nur die Menschen untereinander, sondern verbindet sie mit der Natur, der Erde, den Planeten im Sonnensystem und sogar mit dem gesamten Universum. Diese Einheit wird durch äußere Einflüsse, auf die wir in diesem Buch noch näher eingehen werden, im Bewusstsein jedes einzelnen Menschen verankert und lässt ihn erkennen, dass ihm die Form des Zusammenlebens, die er aktuell gewählt hat, nicht mehr länger dienlich ist. Diese Erkenntnis hat weitreichende Folgen, denn die veränderte Einstellung zu sich selbst und seinem Umfeld birgt Unmengen schöpferischer Kraft in sich. Um diese Urkraft in eine Richtung zu kanalisieren, bedarf es einer Anleitung, die wir der Menschheit in diesem Buch zur Verfügung stellen.

Der Mensch wird durch den Aufstieg in die 5. Dimension nicht nur frei von Abhängigkeiten und Ängsten sein, er wird darüber hinaus auch die Freiheit haben, zu entdecken, wer er wirklich ist. Daraus entsteht ein völlig neues Selbstverständnis, und die gedankliche Schöpferkraft erwacht. Durch Gedanken wird Realität erzeugt, und jeder Mensch lernt, seine Gedanken schöpferisch einzusetzen. Die Trägheit der dritten Dimension wird sich zusehends auflösen und die Gedanken werden sich immer schneller als Realität manifestieren.

Hilfreich für das Verstehen und die Umsetzung dieser Anleitung in die Realität sind die grundsätzliche Bereitschaft zur Veränderung und eine gewisse Entwicklungsstufe, die den Verstand akzeptieren lässt, dass der Mensch auf dieser Welt nicht ganz alleine ist. Die Rede ist von Wesen, die man als die höhere Instanz bezeichnen könnte, oder von Wesen aus der Welt des Lichts, die der Menschheit Führung geben. Beides sind freie Willensentscheidungen, und somit hat es jeder Mensch selbst in der Hand, wie er mit dieser Anleitung für das neue Leben in der 5. Dimension umgeht.

Jeder Mensch spricht von Gott, ohne ihn jemals getroffen zu haben, ohne jemals einen Beweis seiner Existenz erhalten zu haben und ohne jemals auch nur annähernd etwas zu sehen oder zu spüren, das sich so ähnlich wie Gott anfühlen könnte. Und doch akzeptiert der Mensch seine Existenz. Dies ist ganz und gar kein heiliges Buch, das von Gott und seinen Geboten handelt – es geht nur darum, seine Existenz nicht in Frage zu stellen. Ob die Religionen dieser Welt, oder besser gesagt, welche Religion der Wahrheit am nächsten kommt, das soll hier ebenfalls nicht erörtert werden. Religionen spielen in diesem Buch keine Rolle – hier geht es rein um das gesellschaftliche Zusammenleben der Menschen, und den Vergleich zwischen der Form, wie dies heute geschieht und wie dies zukünftig sein wird.

Frage: In welcher Dimension leben wir jetzt – ich habe gelesen, dass wir jetzt in der 3. Dimension leben und in die 5. Dimension aufsteigen. Was ist mit der 4. Dimension und worin unterscheiden sich die einzelnen Dimensionen?

Die meisten Menschen leben in der 3. Dimension – das bedeutet, dass sie von ihrem Selbstverständnis her der Meinung sind, dass sie völlig getrennt von den anderen Menschen leben und ganz auf sich alleine gestellt sind. Diese Menschen akzeptieren keinen Gedanken an die Existenz einer überirdischen Macht, die unmittelbar Einfluss nehmen könnte auf das Leben der Menschheit. Sie leben völlig isoliert von allen anderen Dingen im Universum. Sie unterscheiden zwischen gut und schlecht, sprechen von Himmel und Hölle und beurteilen alles und jeden nach positiven und negativen Attributen.

Die Menschen, die schon in vielen Situationen aufgehört haben, zu urteilen und zu verurteilen, und sich geöffnet haben und anerkennen, dass die Möglichkeit besteht, dass auf der Erde und in ihrem Umfeld außer den bekannten und sichtbaren Lebewesen auch noch andere Wesen existieren könnten, diese Menschen befinden sich im Übergang in die 5. Dimension. Man könnte also behaupten, sie wären in der 4. Dimension und auf den Sprung in die nächste Evolutionsstufe. Es ist jedoch gar nicht von Bedeutung, hier von Dimensionen zu sprechen, in denen sich die einzelnen Menschen befinden – es geht lediglich darum, zu verstehen, dass es unterschiedliche Entwicklungsstufen des Bewusstseins seiner selbst gibt und Menschen, die noch sehr tief in der Getrenntheit verhaftet sind, und andere, die sich gerade öffnen und deren Horizont schon etwas weiter ist als der der anderen. Der nächste Schritt in der Bewusstseinswandlung betrifft aber alle Menschen, egal wie weit sie derzeit entwickelt sind.

Frage: Warum muss das so sein, dass alles immer wieder zerfällt und vergeht – warum kann nicht irgend etwas von Dauer sein?

Der Kreislauf des Lebens ist so von Gott vorherbestimmt, denn nur durch den Wandel wird Entwicklung möglich. Wenn alles konstant wäre, dann gäbe es sehr bald Stillstand. Es beginnt schon damit, dass sich die Erde dreht und dadurch Tage und Nächte abwechselnd aufeinanderfolgen. Die Erdachse verändert ihre Neigung zur Sonne und so kommen und gehen die Jahreszeiten. Und all das Kommen und Gehen erfasst die gesamte Natur und auch die Menschheit. Menschen werden geboren, um den Prozess des Lebens zu durchlaufen und während dessen einen Wandel zu erfahren. Einen Wandel, der den Menschen nicht nur körperlich, sondern auch geistig wachsen lässt.

Frage: Warum ist es dazu gekommen, dass der Mensch die Leistungsgesellschaft eingeführt und sich nicht gleich für das Modell der Gleichberechtigung entschieden hat?

Der Mensch wurde mit einem freien Willen ausgestattet, und so konnte er wählen, wie die Form des Zusammenlebens sein sollte. Diese Wahl traf er aus dem Bewusstsein heraus, dass er hier auf dieser Welt ganz alleine auf sich gestellt ist und die Gesellschaft aus lauter einzelnen Individuen besteht, die miteinander in keinerlei Verbindung stehen. Auf dieser Basis musste der Mensch überlegen, wie er für sich einen Vorteil herausholen konnte, um ein gutes Leben zu führen und andere dazu motivieren konnte, ihm gewisse Dienste zu erbringen und ihm zu helfen. Aus diesem Bewusstsein heraus war diese Entscheidung mehr als logisch, und alle anderen trugen diese

Entscheidung mit. Wenn der Mensch gleich das Modell der Einheit gewählt hätte, so hätte es unzählige Möglichkeiten, um Erfahrungen der verschiedensten Art zu sammeln, nicht gegeben.

Frage: Ich glaube, dass jetzt ein guter Zeitpunkt ist, gleich zu Beginn dieses Buches die Sinnfrage zu stellen. Was ist der Sinn des Lebens?

O ja, wahrscheinlich gibt es keinen besseren Zeitpunkt, als gleich jetzt darauf einzugehen, denn das gesamte Buch baut auf dieser ursprünglichen und allem zugrunde liegenden Frage auf.

Der Mensch ist ein Teil von Gott, und Gott hat entschieden, dass er sich selbst in seiner schöpferischen Gestalt erfahren möchte. Er möchte erfahren, wie es ist, als Schöpfer im Universum tätig zu sein. Hierfür hat er sich selbst in unzählige Einzelteile geteilt und diese Teile auf unterschiedliche Planeten entsandt, die er zuvor mit Leben erfüllt hat, um diese Teile seiner selbst in den Prozess des Lebens integrieren zu können. Diese Teile wurden mit einem freien Willen ausgestattet und auf die Planeten entsandt. Er hat die Menschen auf den verschiedenen Planeten mit unterschiedlichen Bewusstseinszuständen über ihre Herkunft ausgestattet, um beobachten zu können, wie die Entwicklung der einzelnen Welten voranschreitet. Er wollte sehen, wie sehr die Geschöpfe Gottes in der Lage sind, sich selbst zu erfahren und über den Entwicklungsprozess des Lebens zu ihrem Ursprung zurückzufinden. Die Geschöpfe Gottes auf dieser Erde konnten durch das Vergessen ihrer Herkunft mit ihrem freien Willen unzählige Situationen erschaffen und durch die Erfahrung dessen, was sie nicht sind, den Weg zurück zu Gott finden. Damit ist gemeint, dass der Mensch selbst all die schrecklichen Dinge geschaffen hat, wovon tagtäglich die Medien berichten. Doch diese Erfahrungen lehrten ihn, auch die andere Seite zu erschaffen und festzustellen, wie sich die Herrlichkeit Gottes anfühlt und wie wunderbar es ist, aus Gott heraus zu leben und die Liebe zueinander und zur Natur in ihrer schönsten Ausprägung zum Ausdruck zu bringen. Denn Gott ist die Liebe, und dem Menschen ist es vorbestimmt, zur Einheit mit Gott zurückzukehren.

Frage: War es denn notwendig, das Drama des Lebens dermaßen ausufern und so viel Leid auf dieser Welt zuzulassen?

Das Drama des Lebens auf der Erde, wie du es nennst, ist ein Konstrukt aus verschiedenen Komponenten, die wir uns zuerst einmal ansehen sollten. Da gibt es die Seele des Menschen, die darauf drängt, Erfahrungen in der Inkarnation zu sammeln – das ist ihr oberstes Bestreben. Sie hat sich, bevor sie zur Erde zurückgekommen ist, ein Leben ausgesucht, das Möglichkeiten bietet, gewisse Erfahrungen zu machen, die sie in ihren bisherigen Inkarnationen noch nicht machen konnte. Die Seele will durch diese Erfahrungen an Weisheit gewinnen und ihren Erfahrungsschatz so sehr wie möglich erweitern – dazu sind sehr viele Inkarnationen nötig. Durch das Vergessen seiner Abstammung hat der Mensch und damit die Seele die Möglichkeit, Erfahrungen in der Getrenntheit von Gott und allen anderen Menschen zu machen, die sehr häufig das Gegenteil dessen sind, was der Mensch bzw. die Seele ist, nämlich ein Teil von Gott. Durch diese Getrenntheit wird jeder Mensch im Zuge seines Inkarnationszykluses ebenso zum Täter wie zum Opfer, denn er will das alles erfahren, um über diese Erfahrung und die zunehmende Reife und Weisheit zurückzufinden zu seinem Ursprung – zur Einheit mit Gott. Dass der Mensch diese Vorkommnisse sehr dramatisch empfindet, liegt in der Natur der Sache, denn er weiß nicht um diesen Seelenplan.

Frage: Warum werden Kinder in Kriegsgebieten von Minen zerfetzt, verlieren Arme und Beine und müssen schwer verstümmelt ein Dasein in absoluter Armut führen? Was sagst du einer Mutter, die ihr geliebtes Kind aus unerklärlichen Gründen leblos zur Welt bringt, oder einer andern Mutter, deren Kind entführt, missbraucht und ermordet wird?

Das klingt alles sehr dramatisch – ich weiß, dass es euch nicht gefällt, so etwas zu sehen, doch auf diese Weise hat die ganze Menschheit die Möglichkeit, die Schattenseite ihres Daseins genau kennenzulernen, und über die Schattenseite führt der Weg zum Licht! Alle Menschen, die sich von der Schattenseite abwenden, werden den Weg ins Licht finden und dort die größte Herrlichkeit erfahren, die auf dieser Welt nur möglich ist – sie werden ein Übermaß an Liebe erfahren und für alle tragischen Ereignisse entschädigt. Es ist alles nur ein Erfahrungsprozess, den alle Menschen bzw. alle Seelen im Laufe ihres Inkarnationszykluses durchlaufen.

Frage: Wie muntere ich jemanden wieder auf, der seine ganze Familie bei einem Autounfall verloren hat, den er vielleicht auch noch ungewollt selbst verursacht hat. Wie kann er jemals wieder glücklich werden, und wie halte ich ihn davon ab, sich selbst das Leben zu nehmen?

Der Mensch wird im Zuge seiner vielen Inkarnationen immer wieder Täter, Opfer oder beides zugleich. Durch die negativen Gedanken, die ihr im Laufe des Tages immer wieder aussendet, werden dramatische Ereignisse förmlich angezogen oder produziert – vieles ist selbst verursacht oder das gemeinsame „Produkt" der Menschheit – erschaffen durch ihre allgemeine Art und Weise zu denken. Der Mensch ist durch seine Gedanken in der Lage, kollektiv als Schöpfer aufzutreten oder als einzelner Schöpfer. Alle sind dem Kollektiv unterworfen, und je negativer dessen Gedankenstruktur, desto eher entlädt sich irgendwo ein Unglück. Das hilft dem Vater in dieser Situation nicht, das ist mir schon bewusst, doch in Anbetracht dessen, was ich zuvor schon sagte, wird dies alles erklärbar, auch wenn es euch nicht gefällt. Das Drama des Lebens wird sich dadurch nicht ändern – das Einzige, was ihr dazu beitragen könnt, ist die Hygiene eurer Gedanken. Je friedlicher, liebevoller und zuversichtlicher ihr das Leben angeht und mit euren Mitmenschen umgeht, umso sanfter und friedvoller wird der Verlauf eures Lebens sein. Das ist keine

Garantie für ein Leben ohne Dramen, doch das ganze Umfeld gestaltet sich dadurch sehr viel einfacher für euch.

Frage: Wird das Drama des Lebens durch den Aufstieg in die 5. Dimension eine Änderung erfahren?

Das Drama des Lebens an sich wird nur bedingt eine Änderung erfahren – verändern wird sich die kollektive Gedankenstruktur, und dadurch wird das Leben auf dem Planeten Erde sehr viel weniger Dramatik haben als bisher. Es wird sehr viel friedvoller sein, und dramatische Ereignisse werden eher die Ausnahme sein. Und wenn sie eintreten, dann wird das neue Bewusstsein der Menschen dafür sorgen, dass sie als das gesehen werden, was sie sind: eine Erfahrung, die so beabsichtigt wurde. Auch wenn ihr das ungern wahrhaben wollt, solche Erfahrungen sind Teil eures Entwicklungsprozesses.

Frage: Warum ist gerade jetzt der Zeitpunkt gekommen, um das Bewusstsein der Menschen auszuweiten und den Aufstieg in die 5. Dimension zu vollziehen?

Eine berechtigte Frage, wenn man bedenkt, dass die Menschheit in Abhängigkeit von Zeit und Raum lebt – Gott und die Wesen des Lichts jedoch die Parameter Zeit und Raum nicht kennen. Wir können zu jeder Zeit an jedem Ort gleichzeitig sein. Doch zurück zur Frage – die Menschen haben im Laufe der Zeit ihre Entwicklung vorangetrieben und mit Hilfe von Erfindungen und Technologien, die sie von uns erhalten haben, ein Stadium erreicht, das die Welt an einen kritischen Punkt gebracht hat. Ein kritischer Punkt, an dem es darum geht, die Entwicklung auf der Erde in eine Richtung zu lenken, die sicherstellt, dass dem Planet und seiner Natur nicht noch mehr Schaden zugefügt wird, und das Bewusstsein der Menschen dazu gebracht wird, die Erde als ihren Heimatplaneten zu ehren und zu verhindern, dass mit der Zerstörung der Natur das ganze Leben, einschließlich der Menschheit, ausgelöscht wird. Der Mensch hat es schon einmal geschafft, durch seine Technologien seine gesamte Spezies auszulöschen, und es sollte nicht noch einmal soweit kommen, dass ein neuer Besiedlungsversuch dieses Planeten unternommen werden muss.

Frage: Soll das heißen, dass sich der Mensch schon einmal selbst vernichtet hat?

Ja, genau das soll es heißen, und es soll nicht noch einmal geschehen. Deshalb erhält die Menschheit jetzt Unterstützung von uns.

Frage: Für mich klingt das so, als wären wir Menschen zu dumm und unfähig, um auf dieser Erde überleben und unseren dauerhaften Fortbestand sichern zu können?

Der Mensch wurde in diesem Bewusstsein zu dieser Erde gebracht, um genau das zu erfahren und aus der Erfahrung heraus zurückzufinden zu seinem Ursprung als Schöpfer. Der Mensch musste diese Erfahrung machen, um seinem Entwicklungsauftrag gerecht zu werden. Niemand macht der Menschheit deshalb einen Vorwurf – doch ist es jetzt an der Zeit, den nächsten Schritt in der Entwicklung zu machen und das Bewusstsein um die Komponente zu erweitern, die den Menschen seine Abstammung und seine Einheit mit allem erkennen lässt. Der Mensch erhält dadurch die Möglichkeit, neue Aspekte seines Seins zu erleben.

Frage: Wer seid ihr?

Wir sind die weißen Engel – Gesandte von Gott, allwissend und voll Weisheit und Liebe für alle Geschöpfe Gottes.

Frage: Warum kommt Gott nicht persönlich?

Gott ist allgegenwärtig und in seiner Allgegenwart aufgeteilt auf alles – auf alle Teile des Universums – in jedem einzelnen Planeten, jeder einzelnen Sternschnuppe, in jeder Pflanze, in jedem Tier und in jedem Menschen – auch in uns – überall ist Gott. Er ist stets bei euch – in unzähligen Erscheinungsformen genießt er die Herrlichkeit seiner Schöpfung und beobachtet in jeder kleinsten Faser den Prozess des Lebens.

Als das Universum entstanden ist, hat er uns, die weißen Engel, mit all seiner Macht ausgestattet, um den Prozess des Lebens in seiner Unendlichkeit fortzusetzen. In dieser Funktion sprechen wir zu euch!

Frage: Was hat der Aufstieg der Menschheit in die 5. Dimension mit dem Maya-Kalender, der 2012 endet, zu tun?

Die Maya waren ein sehr hoch entwickeltes Volk, unter ihnen gab es hervorragende Astronomen, die weit in die Zukunft blicken konnten und aufgrund diverser Konstellationen der himmlischen Gestirne Entwicklungen vorhersagten. Der Maya-Kalender endet im Dezember 2012 nur einzig und allein aus dem Grund, da die Maya einfach zu diesem Zeitpunkt, am Ende des Kreislaufes der Erde durch alle Tierkreiszeichen, nicht weiter vorausschauen wollten oder es auch nicht konnten. Das Ende der Reise der Erde durch die 12 Tierkreiszeichen besagt lediglich, dass die Reise erneut von vorne beginnt und nicht, wie oftmals gedeutet, hier endet und die Welt deshalb ihr Ende findet. Es beginnt lediglich ein neuer Abschnitt der Reise der Erde durch das Universum. Ein Zusammenhang zwischen dieser Reise durch die Tierkreiszeichen und dem Aufstieg der Menschheit in die 5. Dimension ist allerdings sehr wohl gegeben, denn ein Neubeginn der Reise der Erde zusammen mit dem Neubeginn des menschlichen Bewusstseins bietet eine hervorragende Gelegenheit für die Menschen, in eine neue Epoche aufzubrechen, die von vielen neuen Erfahrungen geprägt sein wird.

Frage: Du sagst, dass bereits 2015 die Menschheit nicht wiederzuerkennen sein wird. Warum plötzlich so eilig, und wieso wissen bis jetzt so wenige Menschen vom bevorstehenden Ereignis im Jahre 2012?

2012 ist ein Datum, das wir schon vor langer Zeit ausgewählt haben – es ist eine Zeitspanne, die wir brauchen, um die Schwingungsfrequenz des Planeten Erde und die Frequenz der menschlichen Energie auf ein Niveau anzuheben, dass eine Bewusstseinserweiterung möglich wird, und um zusätzliche Areale im menschlichen Gehirn zu stimulieren und darin gespeichertes Wissen für den Menschen zugänglich zu machen.

Es gibt jede Menge Menschen auf der Erde, die in ihrem Bewusstsein zwar noch etwas verschleiert, aber tief in ihrem Herzen der Überzeugung sind, dass die jetzige Art zu leben auf Dauer nicht erstrebenswert ist und der göttliche Plan eine Veränderung vorsieht. Genau diese Menschen werden die ersten sein, deren Bewusstsein sich öffnet und die beginnen werden, die gegenwärtige Gesellschaftsform umzuformen und nach dem höchsten Gebot der Liebe auszurichten. Wir haben erst vor kurzem damit begonnen, die Informationen durch Medien, wie du eines bist, zur Welt zu senden, doch die Botschaft wird rasend schnell die ganze Welt erreichen.

Frage: Wie kommt es, dass so viele die Existenz Gottes akzeptieren und doch so viele skeptisch sind, dass ich und mittlerweile weltweit viele andere Menschen in der Lage sind, mit euch zu kommunizieren?

Dazu muss bemerkt werden, dass inzwischen sehr viele Menschen den Weg ins Licht gefunden haben und täglich viele dazukommen, die über das sogenannte Channeling Kontakt mit ihren geistigen Führern aufnehmen. Es ist nicht unbedingt notwendig, dass alle Menschen ihre geistigen Führer zu kontaktieren lernen – es genügt die Anzahl der Menschen, die bereits dazu in der Lage ist, um die Informationen zu verbreiten, um die es uns geht. Diejenigen, die heute noch skeptisch sind, werden bald in der Minderheit sein.

Die Akzeptanz von Gott rührt von euren Religionen her, die das über Jahrtausende überliefert haben – basierend auf einem Wissensstand, der unzählige Generationen zurückliegt. Im Laufe der Evolution hat der Mensch diese überlieferten Informationen durchwegs kritisch hinterfragt, und zuletzt übrig geblieben ist einzig die Akzeptanz einer höheren Macht. Details von religiösen Lehren wurden zumindest mit einem Fragezeichen versehen, ohne deren grundsätzliche Berechtigung ganz in Frage zu stellen.

Nachstehend finden Sie einige zu diesem Kapitel passende Botschaften, die ich im Vorfeld und während der Erstellung dieses Buches zur Veröffentlichung auf meiner Website empfangen habe:

Geliebte und gesegnete Menschen – ihr Abbilder Gottes, seid gegrüßt von den Engeln des Lichts! Wir wachen über euch und segnen euch mit unserer Liebe, und wir segnen euch durch unsere Kraft zur Veränderung zu einer noch besseren Welt. Es wird passieren, und es wird wahrhaftig ein großes kosmisches Fest, wenn ihr im Jahr 2012 an euer Paralleluniversum andockt und im Austausch für eure Ängste die Liebe zueinander erfahrt. Dieses Manöver geschieht für euch im Wesentlichen unbemerkt, denn es sind kosmische Vorgänge, die nur wir in dieser Form detailliert beobachten können. Die Auswirkungen werden jedoch sofort spürbar sein, und ihr könnt die Entwicklung bereits im Vorfeld beobachten und eure Schlüsse daraus ziehen, wohin die Reise gehen wird. Seid aufmerksam, was bei euch die nächste Zeit alles geschehen wird, und erkennt, dass diese Form des Zusammenlebens nicht mehr funktionieren wird. Ein Crash des Finanzsystems steht euch bevor, und ihr könnt dieses Mal die Tragweite nicht mehr kontrollieren. Das gesamte System bricht in sich zusammen und lässt allen Vermögenswerten keine Chance mehr auf Weiterbestand. Alles bricht zusammen, und niemand wird sich dem ganzen Vorgang entziehen können.

Ein freudiges Ereignis, das die Menschen befreit von der Macht des Geldes und dem damit verbundenen Missbrauch.

Eine Welt entsteht, die keine Finanzen mehr kennt, keine Zahlungsmittel und keine Tauschgeschäfte. Es wird weiterhin fleißig produziert werden – es unterscheidet sich jedoch der Zweck des Produkts – bisher waren die Produkte dazu da, um Geld damit zu verdienen, und dann sind sie dazu da, um der Gemeinschaft dienlich zu sein. Dadurch wird nur noch das produziert, was die Menschheit tatsächlich benötigt, und alle anderen Produkte fallen weg. Der Luxus, der lediglich zum Ausdruck brachte, dass die im Luxus lebenden Menschen sich von den anderen als getrennt betrachteten, wird in dieser Form nicht mehr vorhanden sein, und alle Menschen haben das gleiche Recht auf alles, denn alles gehört allen – das ist die neue Weltordnung. Machthaber wird es nicht mehr geben – lediglich ein Rat der Weisen wird bestimmt, und dieser wird über die Geschicke der Gemeinschaft wachen und dafür sorgen, dass alles in ausreichender Form vorhanden ist. Ihr wählt diesen Rat jedes Jahr neu, und ihr tragt die volle Verantwortung für euch selbst – niemand wird euch mehr beeinflussen, und niemand wird euch jemals wieder zu etwas zwingen können, denn niemand hat jemals wieder die Macht über jemanden oder etwas – sondern nur die Macht und die Stärke, um für sich und die anderen Mitglieder der Gesellschaft etwas Wertvolles zu vollbringen.

Eure Welt hat sich in den letzten Jahrhunderten so verändert, dass die Menschheit kaum die Chance hatte, sich an die veränderten Lebensbedingungen anzupassen. Diese Veränderungen gingen dermaßen schnell, dass der Mensch bis heute in seiner Entwicklung hinterher hinkt. Die Rede ist von all den technischen Entwicklungen, die das Leben einerseits angenehmer und komfortabler machen, doch andererseits die Gewohnheiten des Menschen völlig durcheinandergebracht haben. Die meisten Menschen gingen früher täglich aufs Feld, um Nahrungsmittel anzubauen und dafür zu sorgen, dass die Familie etwas zu essen hatte. Heute arbeiten die Menschen stattdessen in Firmen und Fabriken an Maschinen, und das sehr oft im Akkord. Doch diese Arbeit entspricht nicht den Vorstellungen dieser Menschen, denn sie wollen viel mehr Freiheit, um das Leben zu genießen und ihren eigentlichen Interessen nachzugehen. In Zukunft wird der Mensch wieder zurückfinden zu seiner Freiheit und all seine Talente ausleben und dadurch viel gesünder und glücklicher sein. Ermöglicht wird dies alles durch den Aufstieg der Menschheit in die 5. Dimension, was zur Folge hat, dass nicht mehr so viel Unsinniges produziert wird, sondern nur noch das, was die Menschheit wirklich braucht und haben will. Dadurch ist es möglich, dass die Menschen viel weniger arbeiten und sehr viel mehr Zeit zur Selbstverwirklichung haben. Jeder wird gerne seinen Beitrag zum Allgemeinwohl leisten, doch Verpflichtungen wird es keine mehr geben.

Wie leben wir heute vor dem Aufstieg in die 5. Dimension

Die Menschheit lebt heute in dem Bewusstsein der Getrenntheit voneinander, vom Universum, von Gott. Diese Getrenntheit hat lauter einzelne Individuen hervorgebracht, die sich gegenseitig bekämpfen, auch wenn sie oft in einem Unternehmen zusammenarbeiten und eine Einheit bilden sollten. In Wahrheit kämpft jeder um seinen eigenen Vorteil in Form von Macht und Geld.

Betrachten wir gemeinsam das Leben eines Menschen in unserer heutigen Gesellschaft: Noch vor seiner Geburt wird in weiten Teilen dieser Erde gehofft, dass es auf jeden Fall ein Bub wird, denn man wünscht sich einen Nachfolger für das Familienunternehmen oder einen Stammhalter, der die Blutslinie aufrechterhalten soll. In vielen Gesellschaften werden Buben höher geschätzt als Mädchen, warum das so ist, kann bei objektiver Betrachtung nicht festgestellt werden. So reift der neue Erdenbürger neun Monate lang im Bauch seiner Mutter heran und die Erwartungshaltungen an ihn sind bereits ohne sein Wissen enorm hoch. Die Sorge der Eltern, dass das Kind ja gesund sei, und die damit verbundenen Ängste übertragen sich noch im Mutterleib auf das Kind – was muss sich das Kind dabei denken, wenn es schon jetzt mit so viel Angst überschüttet wird? Vielleicht will das Kind gar nicht gesund zur Welt kommen – vielleicht möchte es die Erfahrung machen, mit einer Einschränkung diese Welt zu erleben und seine Erfahrungsvielfalt dadurch zu bereichern. Auch wenn es dem Kind ganz und gar nicht bewusst ist, es hat vor Beginn seiner Reise in diese Welt gewählt, was es alles in diesem Leben erfahren möchte, und die Eltern haben darauf nur einen sehr geringen Einfluss.

Nun ist es soweit – der Tag der Geburt – der neue Erdenbürger erblickt das Licht der Welt. Kaum angekommen, erfährt der Neuankömmling eine intensive Prüfung, ob er denn den optischen Erwartungen von Eltern, Verwandten und Freunden entspricht – und es wird fleißig bewertet und beurteilt. Die erste Zeit ist dann von viel Schlaf und einer intensiven Beziehung zur Mutterbrust gekennzeichnet. Einige Zeit später geht es darum, dass das Kind etwas lernt und mehr und mehr an Selbständigkeit gewinnt. Die Eltern überprüfen sehr genau den Entwicklungsstand ihres Kindes, und präzise wird nachgelesen, in welchem Alter das Kind eigenständig sitzen, stehen oder gehen können muss, und schon geht die Beurteilung und Wertung der Leistungen des Kindes los. Bald geht es um die ersten Erfahrungen beim Lernen außerhalb der Familie. Im Kindergarten werden seine Fähigkeiten mit denen der anderen Kinder verglichen, und die Eltern drängen das Kind, die ersten Fertigkeiten, die es für die spätere Schule benötigt, zu erlernen, und das am besten möglichst bald, damit es gegenüber den anderen Kindern einen Vorsprung hat. Willkommen in der Welt der Bewertung und Beurteilung!

Bald darauf wird getestet, ob das Kind bereits die Schulreife erlangt hat, und wieder wird bewertet und verglichen. Die Sorge der Eltern ist groß, denn es wäre ja beschämend, wenn ihr Kind seine Entwicklung langsamer absolviert als die anderen. Kaum in der Schule, wird die Leistung benotet – zweimal im Jahr gibt es ein schriftliches Zeugnis, das die Leistungen im Detail dokumentiert, und schon bald wird der Druck der Eltern und Lehrer auf das Kind so groß, dass die ersten gesundheitlichen Probleme entstehen – der Leistungsdruck zeigt bereits im zarten Alter seine ersten Auswirkungen. So richtig entscheidend wird die Leistungsbeurteilung zum Abschluß der Grundschule, wenn es darum geht, in welche höhere Schule das Kind wechselt – da müssen natürlich die allerbesten Noten her, denn das Kind muss auf jeden Fall ins Gymnasium gehen, denn es braucht für seinen weiteren Lebensweg unbedingt eine möglichst allumfassende Ausbildung, damit das Kind es dann im späteren Berufsleben besser und leichter hat als die Eltern. Für so eine Schule muss man natürlich so manches mitbringen, und der Druck steigt weiter. Willkommen in der Leistungsgesellschaft!

Jahr für Jahr steigt die Erwartungshaltung, und wenn es darum geht, langsam, aber sicher im frühen Teenager-Alter die künftige berufliche Karriere ins Auge zu fassen, da wird das Kind diversen Eignungstests unterzogen und in eine weiterführende Schule gedrängt, die unbedingt mit Matura (österr. für Abitur) zu beenden ist, denn ohne Matura ist man ja heutzutage nichts! Denn ohne Matura kann man nicht studieren, und ohne Studium gibt's im Berufsleben kaum Chancen, einen guten Job zu bekommen, der genug Geld abwirft, um ein glückliches Leben zu führen. Willkommen in der Welt der Prüfungsangst, Schlafstörungen und Beruhigungspillen!

Aber man will dem Kind ja nur das Allerbeste – in anderen Ländern ginge es jetzt bereits darum, verheiratet zu werden, denn man ist ja von Geburt an jemandem versprochen, und da geht es darum, dem Kind möglichst viel Mitgift bereitzustellen, um dem künftigen Lebenspartner entsprechen zu können. Und schon geht es wieder um die Bewertung eines Menschen nach Kriterien, die seiner nicht würdig sind. Bis zu diesem Zeitpunkt hat niemand den jungen Erdenbürger um seine Meinung und seinen Willen gefragt. Willkommen in einer Gesellschaft, in der man zu gehorchen und zu funktionieren hat!

Später – im Berufsleben – wenn der Sprung in die Wirtschaft geglückt ist, geht es darum, wie viel Geld man für die jeweilige Aufgabe bezahlt bekommt. Als junger Berufseinsteiger gibt es natürlich sehr wenig Geld, das gerade dazu reicht, nicht zu verhungern. Man hat ja als Theoretiker keine Praxis, und ohne Erfahrung ist man nichts wert! Leichter geht es, wenn man noch im Schoße der Familie wohnen darf und sich noch nicht in das Abenteuer eines Singlehaushalts stürzen muss.

Ganz dramatisch wird es dann, wenn man seinen Job verliert und längere Zeit keinen neuen findet, dann ist man auf die Almosen vom Staat angewiesen – man liegt der Allgemeinheit auf der Tasche und stellt kein wertvolles Mitglied dieser Gesellschaft mehr dar. Der einzige Trost, den man erfährt, ist der, dass man jeden Monat – wenn in den Medien die Quote der Arbeitslosen bekanntgegeben wird – feststellt, dass man mit diesem Schicksal nicht alleine ist. Depression und Existenzangst werden zu täglichen Begleitern.

Mancher mag aus diesem Grund in die Versuchung geraten, sich am Eigentum anderer zu bedienen, um seine Lebensqualität am unteren Ende der Gesellschaft zumindest vorübergehend etwas zu verbessern. Wenn er sich dabei erwischen lässt, dann wird ihm der Prozess gemacht, denn er hat gegen die Gesetze verstoßen – er ist ein ganz Böser und wird zur Strafe aus der Gesellschaft ausgeschlossen und für einige Zeit weggesperrt. Solche Menschen brauchen wir nicht, die sind schlecht, heißt kurzgefasst die Devise unserer Gesellschaft. Willkommen in der Welt der Gerechtigkeit!

Zurück in die Wirtschaft: Abhängig von der Beurteilung seiner Leistungen wird festgestellt, ob jemand für eine Karriere geeignet ist oder nicht, und von den Sympathien der Vorgesetzten hängt es ab, ob jemand auch Karriere machen darf. Letztendlich dreht sich der ganze Alltag wieder nur um Macht und Geld! Die Menschen glauben, je mehr man davon hat, desto glücklicher ist man, und umso sorgloser kann man in die Zukunft blicken – wobei als „die Zukunft" der Moment herbeigesehnt wird, wo man die Gnade erfährt, in Rente gehen zu können und auf Kosten des staatlichen Rentensystems, in das man ein Vielfaches mehr einbezahlt hat, als man später herausbekommt, weiterzuleben und vom „Arbeiten müssen" befreit zu sein. So investiert jeder rund 40 Jahre oder mehr, um dann ein kleines Einkommen nach der aktiven beruflichen Laufbahn zu erhalten, denn „im Alter braucht man ja weniger Geld"… Dabei stellt sich wieder die Frage: Wer bekommt wieviel Rente? Das hängt dann davon ab, wie viel derjenige Zeit seines Lebens Geld verdient und wie lange er zum System beigetragen hat. Danach wird beurteilt, wieviel Geld er im Alter brauchen darf. Und schon wird wieder bewertet, was das Zeug hält. Gestritten wird laufend darüber, nach wie vielen Berufsjahren man das aktive Arbeitsleben beenden darf – wie wird die Zeit der Kindererziehung bewertet, und dürfen Frauen früher oder später in Rente gehen? Alles Fragen, die wiederum einer genauen Bewertung bedürfen – und wieder dreht sich alles um das liebe Geld, das die Menschen ihr ganzes Leben begleitet und von unzähligen wertvollen Erfahrungen abhält, weil es so gut wie immer zu wenig war und ist. Willkommen in der Welt, die vom Geld regiert wird!

Ist es dann einmal soweit, dass der Arbeitswelt Lebewohl gesagt werden kann, so verabschiedet sich der durch harte Arbeit, die selten wirklich Spaß gemacht hat, Leistungs- und Zeitdruck sowie die ständige Angst vor dem Verlust des Arbeitsplatzes gezeichnete und gesundheitlich oft schwer in Mitleidenschaft gezogene Mensch ins Abseits – in die Welt der Nutzlosen, die nicht mehr arbeiten und vom Staat bzw. der Allgemeinheit erhalten werden müssen. Die junge, arbeitende Generation zahlt laufend sehr viel Geld, um die „Alten" zu finanzieren – Generationskonflikte drohen, denn das Rentensystem kann sich schon seit langer Zeit nicht mehr selbst finanzieren, und die Gesamtsteuerlast ist entsprechend hoch.

Durch das „zum Nichtstun verurteilt sein" entstehen oft Krankheiten, wie z.B. Depressionen, die eher noch zu den harmloseren Erscheinungen zu zählen sind. Der alte Mensch ist nutzlos geworden und für alle nur noch eine Last. Mit zunehmendem Alter braucht er auch noch Unterstützung im täglichen Ablauf und später ganztägige Pflege, die sehr viel Geld kostet. Da wäre es doch viel besser, man würde gleich sterben, denn Wert hat man für die Gesellschaft keinen mehr. Die Familie kümmert sich nur noch selten um die Alten, und man wird in ein Pflegeheim abgeschoben, um dort auf das Ende zu warten. Willkommen in der Einsamkeit!

Betrachten wir die Politik, so stellen wir fest, dass in den demokratisch regierten Ländern die Bevölkerung eine Partei wählt, die ihr im Wahlkampf alles Mögliche verspricht, um möglichst viele Stimmen und damit die Macht im Staat zu bekommen. „Wählt uns und es wird euch gleich viel besser gehen", lautet die Lösung. Andere heften sich den Kampf gegen die Ausländer auf die Fahne und versprechen, dass die Ausländer, die den Inländern die Jobs wegnehmen, des Landes verwiesen werden und Neue gleich gar nicht hereinkommen. Eine vom Volk gewählte Regierung wird gebildet, um dem Volk zu dienen, doch bei genauer Betrachtung stellt sich die Frage: Warum sind alle so dermaßen darauf versessen, an die Macht zu kommen, und was versteht man überhaupt unter „dem Volk dienen"? Ist damit gemeint, dass man die Steuergelder dafür verwendet, um einen riesigen Verwaltungsapparat aufzubauen, der nur durch immer neue Steuern finanziert werden kann? Vielleicht ist damit gemeint, dass jedes Jahr Hunderte von neuen Gesetzen, Abgaben und Steuern erlassen werden, die die Finanzverwaltung für die Unternehmen noch aufwendiger machen, als sie ohnedies schon ist? Oder ist damit gemeint, dass man jedes Jahr die Staatsschulden weiter erhöht, die mittlerweile bereits ein Ausmaß erreicht haben, dass man sich Gedanken machen muss, ob überhaupt die Zinsen noch rückzahlbar sind? Die Argumentation heißt: Lieber eine Milliarde mehr Schulden als 1.000 Arbeitslose mehr, so wird es zumindest dem Volk verkauft. Wenn es ums Schaffen von Arbeitsplätzen geht, dann muss ja von der öffentlichen Hand kräftig investiert werden, und die Politik(er) trachtet danach, dass möglichst die Unternehmen mit diversen Aufträgen versorgt werden, die entweder zu den besten Freunden zählen oder zu denen, die am meisten zur Finanzierung der Parteikassen beitragen. Um den Politikern nicht ganz Unrecht zu tun, muss gesagt werden, dass es auch durchaus redliche Politiker gibt, die grundsätzlich sehr gerne etwas zum Besseren beitragen möchten, doch diese sind ebenso in diesem System gefangen. Willkommen in der Welt der Korruption!

Wie wichtig es vielen ist, unbedingt an der Macht bleiben zu können, zeigt, dass in so manchen Ländern sogar vor getürkten Terroranschlägen nicht zurückgeschreckt wurde, nur um die Bevölkerung davon zu überzeugen, dass diese Regierung wiedergewählt werden muss, denn nur sie könne den Kampf gegen den Terror gewinnen und dazu müsse unbedingt ein Krieg gegen den Schurkenstaat, aus dem die angeblichen Attentäter stammen, begonnen werden. Und schon jubiliert die Waffenlobby und freut sich auf einige Jahre bestens florierendes Geschäft. Rein zufällig lagern in diesem Land, gegen das Krieg geführt wird, große Mengen wertvollster Bodenschätze, die die Welt dringend braucht, und wenn man diese kontrolliert, so beherrscht man die ganze Welt.

Es gibt erfreulicherweise viele Länder, die für alle Bürger eine Krankenversicherung bereitstellen, die im Bedarfsfalle einen Großteil der Genesungskosten übernimmt. Mehr und mehr wird dieses System aber nicht mehr finanzierbar und der Selbstbehalt der Patienten wird ständig nach oben geschraubt. Möglicherweise liegen die Ursachen erneut darin, dass enorme Verwaltungsapparate einen Großteil der beachtlich hohen Beiträge verschlingen? Geklagt wird, dass immer noch höhere Kosten im Spitalswesen entstehen und die Kosten für die Medikamente explodieren. Der Kampf der Krankenkassen mit den Ärzten über deren Honorare ist ohnedies hinlänglich bekannt. Doch nicht genug damit, da gibt es obendrein noch Krankheiten, die zum Beispiel jedes Jahr auf der ganzen Welt einen gewissen Prozentsatz der Bevölkerung für ein paar Tage mit triefender Nase und etwas Fieber zur Bettruhe zwingen. Da kommt es der Pharmaindustrie sehr gelegen, dass diese Viren jedes Jahr ihr Erscheinungsbild verändern (oder vielleicht doch nicht?) und manchmal auch von einer Tiergattung übertragen werden können. Voll Panik wird sofort vor einer weltweiten Pandemie gewarnt, und massenhaft werden Medikamente gebunkert und Impfmittel entwickelt, die millionenfach der über die Medien panisch gemachten Bevölkerung verabreicht werden. Alles nur Geschäft auf Kosten der Krankenkassen? Damit nicht genug werden Neuentwicklungen, die eine eher harmlose Krankheit für immer ausrotten könnten, verheimlicht und der Bevölkerung vorenthalten, denn dann könnte eine gewisse Gattung von Ärzten ihre Sachen packen und würde nicht mehr gebraucht. Alles nur zum Schutz der Berufsgruppe? Soviel zum System der Krankenkassen – es stellt sich die Frage: Wer ist mehr krank – der Patient oder das System?

Der öffentlichen Hand fehlt es an allen Ecken und Enden an Geld. Jede öffentliche Institution, fast alle Gemeinden, die Bundesländer und am höchsten ist der Staat verschuldet. Es fehlt das Geld, um den Kindern eine bessere Ausbildung zu ermöglichen. Es fehlt das Geld, um Ganztagskinderbetreuung anzubieten, damit die Eltern ihrem Beruf nachgehen können. Es fehlt das Geld, um den Alten einen würdigen Lebensabend zu gewährleisten. Es fehlt das Geld, um Menschen ein Leben in gesunder Natur zu ermöglichen, und es fehlt das Geld für noch unzählige andere Dinge, die der Menschenwürde selbstverständlich sein sollten.

Diese Getrenntheit voneinander hat dazu geführt, dass sich ganze Nationen als voneinander getrennt betrachten und jedes Land für sich Anspruch auf die Hoheit über seine Bodenschätze erhebt. Sofern ein Teil davon abgegeben wird, dann nur zu einem entsprechend hohen Preis. Daraus entwickelte sich ein hervorragendes Geschäft, und die Industriebosse bereicherten sich in unendlichem Maße. So entstanden reiche Länder, weil sie reich an Bodenschätzen waren, und arme Länder, weil sie arm an Bodenschätzen sind oder weil sie nicht schlau genug waren, beizeiten dafür zu sorgen, dass sie daraus entsprechendes Kapital schlagen konnten. Das Ganze ging dann soweit, dass die reichen Länder den armen Kredite gewährten, damit sie ihre Infrastruktur ausbauen konnten – und genau diese Infrastruktur benutzen heute die reichen Länder, um als Rückzahlung für die gewährten Kredite die Bodenschätze dieser armen Länder zu plündern.

Die Bosse der großen Industrieunternehmen kümmern sich nicht im Geringsten um die dort lebenden Menschen oder um deren Umwelt, die schrittweise vergiftet und zerstört wird. Mit fatalen Folgen für die Nahrungsquellen und das Klima. Umweltkatastrophen, Dürren und Hungersnöte sind nur einige der Folgen gewissenlosen Handelns. Reiche wurden noch reicher – Arme wurden noch ärmer, und heute stehen wir kurz vor dem Kollaps, denn die Erde befindet sich in einem äußerst kritischen Zustand.

Viele hervorragende Dokumentarfilme geben Aufschluss darüber, wie es um diese Erde und unsere Gesellschaft bestellt ist. Als

Beispiel möchte ich hier folgende Filme anführen und allen Lesern empfehlen:

Home
Let's make Money
We feed the World

Das alles dient zur Veranschaulichung, wie unsere Gesellschaft in vielen Bereichen oftmals, erfreulicherweise nicht immer, funktioniert. Egal, wie man das Blatt auch dreht und wendet und welchen Bereich man beleuchtet – in dieser Gesellschaft dreht es sich in erster Linie um Macht und um Geld. Die größte Geißel der Menschheit ist die Angst – Angst um die Existenz und Angst vor Verlust von Macht und Geld.

Wenn die Menschheit so weitermacht, dann wird sie das nächste Jahrhundert nicht erleben! Die Ursache liegt in unserer Überzeugung, dass jeder für sich alleine auf dieser Welt ist, von den anderen sowie von Gott getrennt. Auf dieser Basis können wir keine neue Weltordnung aufbauen, die als oberstes Interesse den Schutz der Natur und der Menschen sowie eine gerechte Verteilung der Nahrungsmittel hat. Darauf aufbauend wird es keine Möglichkeit geben, die Erde vor dem Untergang zu bewahren. Das bedeutet, dass eine Erweiterung des Bewusstseins der gesamten Menschheit erforderlich ist, damit der Mensch erkennt, dass er ein Teil von Gott ist und dass er – jeder Einzelne – mit allem in Verbindung steht. Jeder steht mit jedem in Verbindung – auch mit jedem Baum, mit jeder Blume, mit jedem Berg – ja, mit jedem Planeten und sogar mit dem ganzen Universum. Alles ist eins – jeder ist ein Teil von Gott – alles zusammen ist Gott!

Frage: Warum hat man uns die Bodenschätze finden lassen, wenn voraussehbar war, was wir damit anstellen würden? Wenn wir kein Erdöl hätten und kein Eisenerz, dann würden wir heute noch mit Pfeil und Bogen auf die Jagd gehen und der Natur hätten wir vieles ersparen können.

Die Mutter Erde dient euch als Heimat und als Basis zur Erlangung vielfältiger Erfahrungen. Die Errungenschaften der Technik sind Teil der menschlichen Entwicklung, die so gewollt ist. Als Basis brauchtet ihr Rohmaterialien, aus denen ihr die Stoffe erzeugen konntet, um den technischen Fortschritt zu ermöglichen. Dies wurde euch gegeben, und jetzt wird euch das Bewusstsein dafür nahegelegt, dass ihr wieder dafür sorgen müsst, dass der Erde zurückgegeben wird, was ihr entnommen habt. Das heißt, ihr wisst, dass ihr Alternativen entwickeln müsst, die euch die Abkehr von der Ausbeutung der Rohstoffe ermöglichen. Ohne die Rohstoffe wären viele Evolutionsschritte unmöglich gewesen, und der Auftrag des Menschen, als Schöpfer in Erscheinung zu treten, wäre nicht in diesem Ausmaß möglich gewesen. Es stellt sich künftig die Frage, ob die Ergebnisse dieser Schöpfung dem Menschen noch dienlich sind und welche alternativen Schöpfungen jetzt erforderlich sind.

Frage: Wie konnten wir es mit unserer Natur so weit kommen lassen – warum sind nicht schon viel früher Menschen aufgestanden und haben der Menschheit klar gemacht, dass wir unsere Einstellung und unser Verhältnis zu unserem Planeten verändern müssen?

Es gab schon vor langer Zeit Menschen, die vorausschauend erkannt haben, dass die Welt so auf Dauer nicht existieren kann. Sie sind aufgestanden, haben sich organisiert und haben alles in ihrer Macht Stehende getan, um das Bewusstsein der Menschen auf die bevorstehende Katastrophe zu richten. Viele Umweltschutzorganisationen haben sich gebildet, mächtige Präsidenten haben sich dem Schutz der Natur und der Förderung eines besseren Lebens für alle auf dieser Welt verschrieben. Selbst die heute noch existierenden weltweit operierenden Umweltschutzorganisationen haben ein hohes und ehrwürdiges Ziel. Doch es ist immer wieder der gleiche Grund, warum diese nur Teilerfolge erzielen konnten: die Regentschaft des Geldes bzw. die Macht der Reichen! Wenn ein Präsident zu mächtig wurde und seine Umweltschutzbemühungen den Reichen ihren Profit zu schmälern drohten, dann wurde er in der Öffentlichkeit diffamiert, demontiert, und, sofern dies nicht leicht möglich war, es wurde auch vor gewaltsamer Amtsenthebung nicht zurückgeschreckt. Umweltschutzorganisationen, die durch ihre Aktionen die Reichen am Geldverdienen gehindert haben, wurden oft mit Gewaltandrohung und gerichtlichen Beschlüssen in die Schranken gewiesen. Die Wenigsten haben aufgegeben und sind nach wie vor aktiv, um diesen wunderschönen Planeten zu retten. Genau diese Menschen werden zu den ersten gehören, die dafür sorgen, dass die Gesellschaft der Menschen in der 5. Dimension von Gleichberechtigung und einem liebevollen Umgang miteinander und der Erde gekennzeichnet ist. Genau auf diese Menschen kann die Menschheit in Zukunft bauen, denn sie haben verstanden, dass die Macht des Geldes und die damit verbundene nicht enden wollende Gier aus dieser Gesellschaft verbannt werden muss.

Frage: Ich habe gelernt und selbst erfahren, dass z.B. jeder Baum und jeder Kristall einen eigenen Geist hat, zu dem man sprechen kann. Besonders die Kristalle haben eine sehr starke Energie, die für uns sehr viel Positives vollbringen kann. Hat die Erde als Gesamtes ebenfalls einen Geist und wie geht es ihm dabei, wenn er den Zustand dieses Planeten betrachtet?

Das ist ein hervorragender Ansatz, denn du hast Recht – es gibt die unzähligen Geister, die in allen diesen lebenden Elementen stecken, und es gibt auch den großen Geist der Mutter Erde. Um mit ihren Worten zu sprechen, fühlt sie sich schwer krank und zutiefst verletzt! Ein sehr trauriger Geist, der um Hilfe ruft.

Frage: Ich kann mir vorstellen, dass der Geist der Mutter Erde ein besonders mächtiger Geist ist, und ich stelle mir die Frage, ob er sich nicht selbst helfen kann?

Das ist schwierig, denn die Erde hat den Auftrag, euch Menschen als Heimatplanet dienlich zu sein, und somit darf sie euch nicht vernichten, um sich selbst zu schützen!

Frage: All die Naturkatastrophen, wie z.B. Erdbeben und dadurch ausgelöste Tsunamis, die in letzter Zeit gehäuft auftreten, sind das Signale von Mutter Erde, um uns zu warnen?

Naturkatastrophen auf Erden gibt es schon seit langer Zeit – immer wieder sind sie aufgetreten, doch ermöglicht es eure neue Informationstechnologie, die Informationen weltweit in Sekundenschnelle zu verbreiten. Dadurch scheinen sie häufiger als sonst aufzutreten. Es hat sie immer gegeben, und es wird sie immer geben, denn sie sind Teil der Evolution! Das Leben unterliegt einer ständigen Veränderung – auch Mutter Erde verändert sich ständig. Jedoch hat der Mensch aufgrund seiner großen Anzahl auch Regionen besiedelt, von denen er durchaus Kenntnis hatte, dass diese von gewissen Unruhezentren in der Erdkruste beeinflusst sind. Die Möglichkeit aber, Geld zu verdienen, hat die Menschen dieses Risiko eingehen lassen.

Ausgelöst durch Erdbeben, hat es in den Küstenregionen immer Überschwemmungen gegeben, doch der Fischfang und der Tourismus hat die Menschen an die Küsten getrieben, um dort Geld zu verdienen. Die Naturkatastrophen verschiedenster Art gehören durchaus in den Rahmen der Normalität – es sind keine Zeichen von Mutter Erde, um euch aufmerksam zu machen.

Es gibt jedoch viele andere Katastrophen, die wir hier ansprechen möchten, die von Menschenhand gemacht wurden und immer wieder viele Opfer fordern. Wir sprechen von Kriegen, von Unfällen mit Industrieanlagen und vielen anderen Bereichen, wo der Mensch der Natur zuviel abverlangt hat. Das Klima ist ein leidtragendes Gebilde, das vom Menschen massiv beeinflusst wird, und die Auswirkungen sind auch häufig und entsprechend massiv in den Naturgewalten spürbar.

Frage: Du erwähnst die große Zahl von uns Menschen auf der Erde – ist das ein Problem? Gibt es zu viele von uns? Wird es hier eine Korrektur geben?

Wir kommen später, wenn wir die neue Gesellschaftsform näher beleuchten, auf die Selbstkontrolle des Menschen zu sprechen. Der Mensch wird künftig Rücksicht auf die Natur nehmen und sich freiwillig selbst eine Beschränkung seiner Verbreitung auferlegen. Das ist die Korrektur, die in nächster Zeit passieren wird. Derzeit kann die Welt die durchaus beachtliche Anzahl von Menschen noch ernähren, doch unendlich mehr werden nicht mehr zu verkraften sein.

Frage: Warum bekriegen sich die Menschen eigentlich seit ewigen Zeiten?

Die Anzahl der Kriege, die auf der Erde ausgetragen wurden, ist enorm. Das unsagbare Leid, das den Menschen zugefügt wurde, ist mit nichts zu beschönigen und kann auf gar keinen Fall als beabsichtigt bezeichnet werden. Der Mensch hat einen freien Willen, und im Zuge dieser Freiheit, gepaart mit dem Bewusstsein der Getrenntheit, lag dies durchaus im Bereich des Möglichen. Das heißt, wir haben dies so nicht gewollt und immer den alternativen Weg aufgezeigt, doch der Mensch hat seinen freien Willen, der ihm in uneingeschränkter Form gegeben wurde, dazu benutzt, um auf diese Art die Getrenntheit zu erfahren. Diese Erfahrungen wollte die Menschheit machen, um jetzt bereit zu sein, den umgekehrten Weg zu gehen und künftig in Frieden und Liebe miteinander zu leben.

Frage: Warum habt ihr es zugelassen, dass bis heute in weiten Teilen der Welt so viele Menschen und besonders unsere unschuldigen Kinder an Hunger oder an durch Unterernährung entstehende Krankheiten sterben müssen?

Es ist nicht unser Auftrag, in das Geschehen direkt einzugreifen – unser Auftrag ist, euch darauf hinzuweisen und das Gewissen, mit dem ihr ausgestattet wurdet, anzusprechen und euch klarzumachen, dass euch dies nicht dienlich ist. Entscheiden durftet ihr jedoch selbst, denn euer freier Wille steht über allem.

Frage: Warum hat der Mensch es nicht geschafft, Grundrechte für alle zu definieren und diese auch auf der ganzen Welt umzusetzen?

Der Mensch hat zwei Seiten – die eine sucht ihren persönlichen Vorteil und betrachtet sich als getrennt von allen anderen, und die andere Seite sucht das Licht und die Liebe. Man könnte sagen, der Mensch verfügt über eine gespaltene Persönlichkeit, und diese beiden stehen permanent in Konfrontation zueinander. Es obliegt dem Menschen, zu entscheiden, welcher der beiden Seiten er den Vortritt lässt, und welche Entscheidungen daraus resultieren, ist im Weltgeschehen wunderbar abzulesen. Das ganze Hin und Her zwischen diesen beiden Seiten, das ihr tagtäglich vollzieht, verhindert eine klare Aussage darüber, was ihr seid, und dadurch ist das Chaos entstanden, das ihr auf eurem Planeten heute vorfindet. Ihr lebt einerseits mit dem Gedanken, dass ihr sozialverträglich wirtschaften sollt, und andererseits möchte jeder für sich so viel wie möglich vom ganzen Kuchen ergattern. Solange ihr euch nicht klar für eine Seite entscheidet, solange wird es keine klaren Ergebnisse geben. Definiert euch eindeutig und bleibt bei eurer Entscheidung, und ihr werdet die Ergebnisse erzielen, die eure Entscheidung logischerweise nach sich zieht.

Frage: Angenommen, die Anzahl der Menschen auf der Erde nimmt deutlich ab und viele Seelen kehren in die Welt des Lichts zurück – gibt es dann bei euch da oben so etwas wie eine Überbevölkerung? Umgekehrt die Frage, als früher sehr viel weniger Menschen auf der Erde gelebt haben, wo waren die ganzen Seelen denn dann?

Die Seelen bestehen aus Licht, und Licht hat keine Ausdehnung in Form eines Körpers, wie ihr es kennt, und dadurch braucht Licht keinen Raum, um darin Platz zu finden. Licht ist Energie, und Energie kann sich überall dort entfalten, wo sie es möchte. Eine Überbevölkerung ist dadurch nicht möglich. Die Energiewesen in der Welt des Lichts können jederzeit miteinander verschmelzen, wenn sie den Reinkarnationszyklus abgeschlossen haben, denn zuvor haben sie sich geteilt, um mit vielen Teilen gleichzeitig Erfahrungen zu sammeln, und diese Erfahrungen verschmelzen dann miteinander. Die Wesen des Lichts sind dadurch sehr flexibel in der Wahl ihrer Erscheinungsform und in der Anzahl ihres Auftretens.

Nachstehend finden Sie einige zu diesem Kapitel passende Botschaften, die ich im Vorfeld und während der Erstellung dieses Buches zur Veröffentlichung auf meiner Website empfangen habe:

Die Welt hat sich in letzter Zeit von ihrem Ursprung abgewandt und sucht seither verzweifelt nach einer fixen Größe, an der sie sich festhalten kann. Festhalten könnt ihr nur an dem, was ihr wisst und woran ihr glaubt. Doch woran glaubt diese Welt? In Wahrheit sind die Säulen des Glaubens längst eingebrochen, sofern man es von der religiösen Seite her betrachtet. Um zurückzufinden zum Ursprung, woher ihr kommt, bedarf es einer neuen Sichtweise. Der Blickwinkel der Religionen war zwar hilfreich, hat aber das Bild verzerrt, und ihr konntet eure wahre Herkunft nicht erkennen. Ihr seid ein Teil von Gott, und als dieser seid ihr zur Welt gekommen, um selbst zu erfahren, was ihr nicht seid, und um über diese Erfahrung zurückzufinden zu eurer Göttlichkeit. Durch die Trennung und das Vergessen eurer Herkunft hattet ihr ausreichend Zeit, zu erfahren, was ihr nicht seid. Jetzt ist es Zeit, um zurückzukehren in das Bewusstsein, woher ihr kommt, was ihr hier tut und wohin ihr nach eurem Tod geht. Es wird eine schöne Erfahrung, zu erkennen, welche

Herrlichkeit in euch steckt und zu welch grandiosen Dingen ihr fähig seid, wenn ihr aufhört zu glauben, dass ihr hier jeder für sich alleine auf dieser Welt seid. Freut euch auf eine Bewusstseinswandlung, die sehr bald euer Leben auf dieser Erde bereichern wird!

Liebe Menschen auf Erden, ich habe euch darüber in Kenntnis gesetzt, dass ihr einen Wandel durchlaufen werdet. Dieser Wandel wird hauptsächlich in eurem Bewusstsein stattfinden – dort, wo ihr selbst entscheidet, was ihr sein wollt. Das neue Bewusstsein wird sich als viel facettenreicher als das derzeitige herausstellen. Ihr werdet erkennen, dass die derzeitige Gesellschaftsform, die ihr gewählt habt, nicht mehr funktioniert. Ihr lebt derzeit in Abhängigkeit von Arbeit, um zu überleben und nicht am Rande der Gesellschaft zu stehen. Diese Abhängigkeit wird aufhören. Dafür bekommt ihr die Gewissheit, dass ihr Abgesandte von Gott seid, die für ihn auf dieser Erde die Erfahrungen machen, die er sich für sich selbst wünscht. Freut euch darauf, ohne Geld und ohne Auftrag eines Fremden ein Dasein zu führen, das von Liebe, Gerechtigkeit und dem Leben in einer Gemeinschaft gekennzeichnet ist, die füreinander sorgt und auf die Ressourcen der Erde Rücksicht nimmt und nur das entnimmt, was sie auch wieder zurückgeben kann. Dieses neue Leben kennt keine Krankheiten – dieses neue Leben kennt keine Missgunst – dieses neue Leben kennt keine Gewalt, und dieses neue Leben kennt nur die Liebe zueinander – egal welcher Herkunft und welcher Hautfarbe auch immer. Dieses neue Leben ist ein Geschenk Gottes, das ihr in vollen Zügen genießen könnt. Freut euch, ihr werdet sehr bald den Weg dorthin einschlagen und euer Bewusstsein ausweiten. Ich bin mit euch und begleite euch mit allen Ratschlägen, die ihr braucht, damit ihr friedlich in eine neue Ära aufbrechen könnt.

Liebe Menschen dieser wunderschönen Erde, ihr seid auf dem Weg in eine völlig neue Welt – alles, was euch bisher den Alltag schwer gemacht hat, wird sehr bald eine Änderung erfahren! Die Welt hat es verdient, auch von euch in einem anderen Licht betrachtet zu werden. Es fehlt dieser Welt an Verständnis für den Erhalt eurer Natur, es fehlt dieser Welt an Verständnis und Wertschätzung des Lebens jedes Einzelnen und der Tier- und Pflanzenwelt, es fehlt dieser Welt an Verständnis für ihre Herkunft und ihren Sinn, es fehlt den Menschen an Verständnis für ihre Herkunft und den Sinn ihres Daseins. All das wird der Welt und den Menschen zurückgegeben werden, damit diese neue Gesellschaft geformt werden kann. Sehr bald wird die Energie der Erde – ihre Schwingungsfrequenz – wieder erhöht werden, und damit erreicht ihr schon bald die Schwingungsfrequenz, die ihr benötigt, um an die Erinnerung zu gelangen. Erinnerung an das, woher ihr kommt, warum ihr hier seid und wohin ihr geht. Ein freudiger Moment, der die ganze Menschheit ergreifen wird und den Grundstein legt, dass ihr eine neue Gesellschaft gründen könnt, die auf gegenseitiger Wertschätzung und einem friedvollen Miteinander aufgebaut ist.

In Zukunft werden die Machtspiele zwischen den Menschen ein Ende finden, denn der entwickelte Mensch wird sich als Teil von Gott erkennen und als solcher kein Interesse daran haben, andere, die so wie er ein Teil von Gott sind, zu übervorteilen. Die Einheit aller ist der wesentliche Kern aller künftigen Intentionen, die zum Wohle der gesamten Menschheit gedacht sind. Egal, welche Absicht verfolgt wird – es wird immer im Vordergrund der Bemühungen das höchste gemeinsame Wohl stehen – eine neue Erfahrung für die Menschen, die es gewöhnt sind, sich um den Anderen wenig oder gar nicht zu kümmern. Eine neue Erfahrung, die das Herz aller Menschen weit machen wird und viel Platz für die Liebe zueinander schafft. Im Einklang mit der göttlichen Schöpfung wird der Mensch ein Leben führen, das von viel Zuneigung, Verständnis und Hilfsbereitschaft geprägt ist. Ein Quantensprung für das Leben – ein Quantensprung für die Menschheit.

Mit dem Segen von oben

Die Welt produziert derzeit Unmengen von sinnlosen Produkten! Das sind Produkte, die in Wahrheit niemand wirklich benötigt – die vielleicht kurzzeitig als Belustigung oder als Dekorationsstück fungieren und sehr bald auf der Mülldeponie landen. Diese sinnlosen Produkte sind für die Umwelt eine riesengroße Belastung, denn die Ressourcen, die weltweit dafür aufgewendet werden, sind enorm. Bodenschätze müssen dafür geplündert werden, und der einzige Zweck, den diese Produkte erfüllen, ist der, dass die Produzenten damit Geld verdienen. Heute produziert die Welt Unmengen von diesem Müll, denn man muss sich ja von der Konkurrenz unterscheiden und ein noch schöner verpacktes, sinnloses Produkt herstellen, das in Wahrheit wirklich niemand benötigt.

Viele Hersteller produzieren im Wesentlichen die gleichen Produkte – doch gibt es Abstufungen in Ausführung und Qualität, denn es muss ja in allen Preislagen etwas angeboten werden können. Diese Flut von Produkten ist enorm – der einfachste Weg wäre, lediglich eine Sorte zu produzieren und davon nur die allerbeste Qualität. Das geht heute nicht, denn dieses Produkt wäre unbezahlbar, da so viele Stunden an Arbeitsleistung hineinfließen würden, dass sie dadurch das Produkt letztendlich unerschwinglich machen, oder es nur von einer kleinen, elitären Zielgruppe gekauft werden könnte. Den anderen Menschen, die nicht so viel Geld haben, bliebe dieses hochwertige Produkt vorenthalten, obwohl es für alle einen sehr großen Nutzen haben würde, auf den die meisten verzichten müssen – und das nur wegen des Geldes!

Die Hersteller sind alle zusammen nur an einem interessiert – Profit zu machen! Die einzige Motivation bei der Herstellung der

Produkte ist der Profit, und nur zu selten geht es um den Nutzen des Produkts für den Verbraucher bzw. Anwender. Wie oft wird auf Qualität verzichtet, um den Profit zu optimieren, und wie oft bleibt dem Konsumenten ein Zusatznutzen vorenthalten, nur damit der Hersteller eine höhere Gewinnspanne erzielen kann. Dabei wäre es so einfach, wenn man sich das nachstehende Geschäftsmodell einmal genauer anschauen würde:

„Mit dem Segen von oben" heißt ein Geschäftsmodell, das einige Besonderheiten aufweist! Es handelt sich dabei um eine Dachmarke für Produkte, die nach den höchsten Kriterien hergestellt, transportiert und vermarktet werden. Die höchsten Maßstäbe beziehen sich auf die Verträglichkeit des Produkts mit dem Ursprungsmaterial, die Belastung der Umwelt bei der Gewinnung des Rohmaterials und die Produktion, sowie um die Verbesserung der Lebensqualität des Menschen, der dieses Produkt konsumiert bzw. verwendet. Darunter ist zu verstehen, dass die Menschen, die dieses Produkt verwenden, einen wirklich großen Vorteil davon haben – einen Vorteil in Form von mehr Freude, mehr Lebensqualität, mehr Gesundheit und mehr Liebe. Demnach steht der Kundennutzen an alleroberster Stelle – gefolgt von der umweltverträglichen Herstellung sowie der umweltverträglichen Vermarktung.

Produkte werden bisher nach den Gesichtspunkten der bestmöglichen Vermarktbarkeit hergestellt, und dadurch werden Kompromisse im Bereich Material, Produktion und Transport gemacht. Diese Kompromisse führen dazu, dass diese Produkte nicht unter dem besten Stern stehen – damit ist gemeint, dass die Energie des Lichts, die „von oben" kommt, nicht durch das Produkt strahlt. Es fehlt dem Produkt die Segnung durch die höchsten Wesen aus dem Licht mit der Konsequenz, dass das Produkt der Menschheit letztlich nicht dienlich ist. Es mag kurzfristig vielleicht für etwas Freude sorgen, doch langfristig wird dieses Produkt keinen großen Nutzen für die Menschen haben.

Die Produkte „mit dem Segen von oben" werden dagegen ganz andere Attribute aufweisen. Sie werden sich durch eine Energie auszeichnen, die der Mensch sofort wahrnehmen kann, und sie werden sich durch einen Nutzen für die Menschen und durch eine Umweltverträglichkeit auszeichnen, die sofort für den Konsumenten spürbar ist. Die Welt des Lichts kontrolliert alle Produkte, die der Mensch herstellt, auf ihre Umweltverträglichkeit sowie darüber hinaus auf die Verträglichkeit mit dem Menschen, und damit ist gemeint, dass die Verträglichkeit in Form von Belastung für den Menschen bei der Herstellung und der Verwendung des Produkts geprüft wird. Hat ein Produkt die volle Verträglichkeit und stimmt auch der Preis, der dafür verlangt wird, dann erhält dieses Produkt „den Segen von oben". Zusammengefasst ist ein von oben gesegnetes Produkt ein Produkt, das von der Auswahl des Materials über dessen Gewinnung bis hin zur Verarbeitung, dem Transport sowohl des Rohmaterials als auch des Fertigprodukts bis zum Konsumenten und über die Verteilungsstellen als gesamtes geprüft wird und dann, gemessen am Verkaufspreis, eine entsprechende Strahlkraft erhält – eine Strahlkraft, die wie ein Magnet auf den Konsumenten wirkt. Hat ein Produkt diese Strahlkraft, dann wird es gekauft werden, auch wenn es vergleichbare Produkte gibt, die dieser Prüfung nicht entsprechen und mit weniger Strahlkraft ausgestattet sind. Diese Strahlkraft nimmt der Mensch unbewusst wahr, er hat sich darauf kalibriert und kauft nahezu blind genau die Produkte mit der größten Strahlkraft – auch wenn es günstigere Produkte gibt.

Wie funktioniert das im Detail?

Ein Produkt heute besteht z.B. aus Holz – dieses Holz wird in Nordeuropa geschlagen und nach Osteuropa transportiert – ein langer Weg. Dort wird es in einer Fabrik unter Einsatz von Chemikalien, die der Umwelt schaden, verarbeitet. Das Halbfertigprodukt wird von Menschen per Hand weiterbearbeitet – diese kommen mit den verwendeten Chemikalien in Berührung und werden entsprechend damit belastet. Das Fertigprodukt wird von Osteuropa nach Asien transportiert und dort über viele, kleine Geschäfte vertrieben. Dieses

Produkt mag vielleicht aufgrund seines natürlichen Materials durchaus interessant sein, doch der Transportweg und die Bearbeitung mit schädlichen Chemikalien ist keinesfalls akzeptabel – bereits der Transport des Holzes von Nord- nach Osteuropa ist viel zu weit – auch der Weg nach Asien ist völlig indiskutabel, und die Verteilung auf viele, kleine Geschäfte macht wenig Sinn, sofern es sich um ein Produkt handelt, das für den täglichen Bedarf nicht unbedingt von Bedeutung ist.

Wann erhält ein Produkt den Segen von oben?

> ➢ wenn das Produkt als Ausgangsmaterial einen 100%igen natürlichen Ursprung hat. Darunter ist zu verstehen, dass das Grundmaterial aus der Natur und aus der unmittelbaren Region stammt, wo es produziert wird. Es fallen daher nur kurze Transportwege an, und es wird im kleinen Rahmen für den lokalen Bedarf produziert. Es gibt daher auch nur kleine Unternehmen, die das Produkt in der Menge herstellen, wie es in der Region benötigt wird.
> ➢ wenn das Produkt bei der Verarbeitung ohne schädliche Stoffe hergestellt wird, die in die Natur gelangen oder dem Konsumenten Schaden zufügen könnten
> ➢ wenn die Belastung der Menschen bei der Herstellung nur gering ist und die Arbeitsbedingungen in einem Rahmen stattfinden, in dem sich die Menschen wohlfühlen und keinen Gefahren ausgesetzt sind
> ➢ wenn das Produkt von Menschen hergestellt wird, die mit großer Freude ans Werk gehen und für die Herstellung entsprechend großzügig entlohnt werden
> ➢ wenn der Transport der Fertigprodukte zu den Verkaufsstellen nur sehr kurz ist und daher nur geringe Belastungen für die Umwelt entstehen
> ➢ wenn das Produkt nur geringe Vermarktungsaktivitäten erfordert – darunter ist zu verstehen, dass die Werbekosten

gering sind – darunter fallen alle Arten von Werbung und alle Arten von Promotion in den Läden
➢ wenn die Produzenten des Produkts im Vorfeld den Nutzen für den Konsumenten eindringlich geprüft und ausschließlich den Konsumentenvorteil im Fokus ihrer Entwicklungsarbeit gehalten haben – das bedeutet, dass nicht die Kosten oder der höchstmögliche Profit den Ausschlag für die Entscheidung zur Produktion gegeben haben

Wie erhält das Produkt die Strahlkraft und damit die Unwiderstehlichkeit für den Konsumenten?

➢ durch die Natürlichkeit des Rohmaterials
➢ durch die regionale Bedeutung und Abstammung
➢ durch die positive Wirkung bei der Verarbeitung, denn dadurch, dass keine umweltbelastenden Stoffe zum Einsatz kommen und dass nur Menschen daran arbeiten, die mit großer Freude ans Werk gehen, wird das Produkt entsprechend positiv aufgeladen
➢ durch die kurzen Wege, die ein Produkt zurücklegt, und deshalb keine oder nur geringe Umweltbelastungen entstehen
➢ dadurch, dass der Konsument richtig viel Freude daran hat und einen äußerst großen Nutzen daraus zieht, weil das Produkt ganz genau seinen Vorstellungen und seinem Bedürfnis zu 100% entspricht
➢ dadurch, dass es ein sinnvolles und umweltverträgliches Produkt ist

Die Welt des Lichts macht es möglich! Die Welt des Lichts – dort, wo die Engel zu Hause sind – umgibt den Menschen und damit auch alle seine Produkte mit einer gewissen Energie. Diese Energie können alle unbewusst wahrnehmen, und wenn die Menschen intuitiv handeln, dann greifen sie, ohne es zu wissen, zum richtigen

Produkt, das ihnen energetisch gesehen am besten entspricht. Diese Energie lässt sich verstärken, und zwar dadurch, dass die Produkte nicht nur nach den zuvor genannten Gesichtspunkten hergestellt und vertrieben werden, sondern indem man für diese Produkte das Licht bzw. „den Segen von oben" erbittet, und nach entsprechender Prüfung wird dieser Segen erteilt. Dann hat das Produkt die Leuchtkraft, die es benötigt, um vom Konsumenten angenommen zu werden.

Wer wird davon unmittelbar betroffen sein?

Betroffen sind in erster Linie die Produzenten, denn indem sie bei der Produktion darauf achten, dass sie nur lokale Rohmaterialien verwenden, diese umweltverträglich verarbeiten und nur Menschen daran arbeiten, die große Freude an ihrer Arbeit haben und dafür eine reichliche Entlohnung erhalten, wird ihr Produkt auch vom Konsumenten gekauft. Weitere Nutznießer sind die Konsumenten selbst, denn sie erhalten ein Produkt, das entsprechend viel Nutzen für sie hat und darüber hinaus das Licht in ihr Zuhause bringt. Nicht zuletzt genießen die Arbeiter ihre Arbeit und erhalten reichlich Lohn dafür.

Wie erfolgt die Umsetzung in der Realität?

Die Menschen, die diese Zeilen lesen, werden im ersten Augenblick sofort sagen: Das gibt es nicht – das ist wirtschaftlich nicht machbar. Um dies doch umsetzbar zu machen, bedarf es einer grundlegenden Änderung der Gewohnheiten des Menschen. Er muss aufhören, immer nur das Geld in den Vordergrund zu stellen. Er muss aufhören, nur in Form von Profit zu denken, und er muss aufhören, immer nur das Billigste als Ausgangspunkt in Erwägung zu ziehen. Das sind die Grundvoraussetzungen. Wenn die Menschen diese Grundsätze befolgen, dann wird dies alles möglich.

Es gibt jetzt noch keinen einzigen Unternehmer, der so denkt, und das muss sich ändern. Wir sprechen hier vom großen Umdenken in den Köpfen der Menschen. Über Jahrhunderte wurden sie vom Geld regiert und haben sich davon geißeln lassen – es war immer ungerecht verteilt und über die Zeit wurde es immer noch ungerechter, so lange bis ganz viele fast gar nichts mehr haben und ganz wenige fast alles. An diesem Punkt sind wir heute angekommen. Das geht nur noch so lange gut, bis diejenigen, die jetzt wenig haben, bald gar nichts mehr haben, denn dann hilft es den Reichen gar nichts, wenn sie alles haben, denn sie können damit nichts mehr kaufen, denn der Kreis derer, die untereinander noch Geschäfte machen können, wird immer kleiner, und bald gibt es nur noch Großkonzerne, die miteinander Geschäfte machen, und die Mitarbeiter dieser Großkonzerne werden alle nur noch mit Almosen am Verhungern gehindert.

Die Umsetzung des vorgestellten Konzepts ist in der derzeitigen Gesellschaft nicht möglich, denn das Geld wird alles verhindern, was der Welt und den Menschen gut tut. Somit ist das Geld der Verhinderer des ganzen Projekts „mit dem Segen von oben".

Es lässt sich also draus schlussfolgern, dass die Menschheit niemals weiter existieren kann, wenn sie weiter am Geld festhält, und daher ist es unbedingt erforderlich, dass das Geld abgeschafft wird, und dies wird passieren, und sogar schon sehr bald!

Frage: Wenn es kein Geld mehr gibt, womit werden wir dann unsere Waren und Dienstleistungen bezahlen?

Euer Geld wird zur Gänze verschwinden – ihr werdet es vollständig abschaffen, denn die Erfahrungen, die ihr mit dem Geld gemacht habt, werden euch den Weg in die Zukunft weisen. Ihr habt es geschafft, dass das Geld eure Welt beinahe vollkommen zerstört hat und die Menschheit in ihrem Fortbestand gefährdet. Ihr werdet sehr gerne auf dieses Zahlungsmittel verzichten. Doch womit bezahlen? Diese Frage stellt sich nicht mehr, denn ihr werdet alles auf freiwilliger Basis für die Gemeinschaft produzieren und Dienstleistungen für sie erbringen. Jeder trägt seinen Teil zur Gemeinschaft bei, und jeder wird genau wissen, wo er gebraucht wird und wo seine Fähigkeiten am besten zum Einsatz kommen. Das gesamte Know How, das in euch steckt, wird zum Einsatz kommen, und ihr werdet ständig danach trachten, euch zu verbessern, damit euer Beitrag noch wertvoller für die anderen Mitglieder eurer Gesellschaft wird. Diese Grundeinstellung werdet ihr alle in euren Köpfen tragen, und ihr werdet dies sehr bald verstehen, denn die Schwingung eures Energiefeldes wird laufend erhöht, und dadurch öffnen sich gewisse Areale in eurem Gehirn, die diese Erweiterung eures Bewusstseins ermöglichen.

Das Geld fällt ersatzlos weg, und auch alle anderen Zahlungsmittel, die ihr so kennt, werden nicht zum Einsatz kommen – ihr braucht keine Zahlungsmittel mehr! Näheres dazu findet ihr in den nachfolgenden Kapiteln.

Frage: Was wird passieren, damit das Geld abgeschafft wird, und wann wird das sein?

Die Welt wird sehr bald auf das Ende eures Finanzsystems zusteuern. Die Ereignisse der letzten Zeit haben euch gezeigt, wie schnell ein Kollaps möglich ist. Der nächste Kollaps wird jedoch viel heftiger und weitreichender ausfallen, und dann habt ihr keine Möglichkeit mehr, entsprechend gegenzusteuern. Ihr heizt jetzt bereits wieder eure Finanzmärkte an und handelt Rohöl um einen durch Spekulanten hochgetriebenen Preis. Viele andere Rohstoffe werden ebenfalls wieder sehr schnell überteuert auf den Weltmärkten angeboten, und ein besonderes Ereignis kommt dann noch hinzu. Dieses Ereignis wird euch nicht überraschen, denn es war genauso wie das auslösende Ereignis für die Bankenkrise absehbar, doch dass es so schnell auf euch zukommt, das ist euch heute noch nicht bewusst. Es wird euch überraschen und die Finanzmärkte kurzfristig explodieren lassen, so lange bis sie völlig überhitzt ins Bodenlose fallen und alles Kapital auf der Erde vernichtet wird. Der Zeitpunkt ist heute bereits absehbar und ihr werdet sehr viel früher, als ihr glaubt, mit den Vorboten konfrontiert werden. Eine Entwicklung, die so vorherbestimmt war, und eure Gier nach Geld und noch mehr Geld wird das Phänomen weiter beschleunigen, so lange bis es dann zum totalen Zusammenbruch kommt und ihr keine Chance mehr seht, das System zu retten.

Frage: Das Prinzip Leistung hat uns Menschen laufend zu neuen Höchstleistungen angespornt und uns gewaltige Fortschritte machen lassen. Unzählige Erfindungen und Entwicklungen wurden aufgrund dieses Leistungsprinzips gemacht, und der Mensch ist, solange es das Geld gibt, ständig gefordert, sich etwas Neues einfallen zu lassen, um weiterhin am Markt bestehen zu können. Wenn dieser Ansporn wegfällt, dann muss es doch zwangsläufig zum wirtschaftlichen Stillstand kommen oder?

Eine sehr verständliche Frage! Euer Erfindungsgeist ist etwas ganz Besonderes – ihr habt ihn aus der Bequemlichkeit heraus entwickelt, denn ihr möchtet euch das Leben so einfach wie nur irgend möglich gestalten. Daraus ist ein Reichtum an Erfindungen entstanden, und viele technische Neuerungen haben euch diesem Ziel näher gebracht. Doch was ihr dabei übersehen habt, ist der Umstand, dass ihr durch den Zwang, immer etwas Neues erfinden zu müssen, um wieder etwas zum Verkaufen zu haben, womit man Geld verdienen kann, zu viele unsinnige Dinge erfunden habt, die ihr in Wahrheit gar nicht benötigt und die mit einem komfortablen Leben überhaupt nichts zu tun haben. Dieses sinnlose Produzieren hat die Welt enorme Ressourcen gekostet und das meiste davon liegt heute auf euren Mülldeponien. Der Erfindungsdrang ist euch angeboren – ebenso wie die Neugier, d. h. ihr werdet immer bestrebt sein, etwas Neues zu erfinden, um euch das Leben schöner und angenehmer zu machen. Dieser Geist ist in eurer Natur verankert und hat nichts mit Geld zu tun! Ohne das Geld wird lediglich die Konzentration eures Erfindungsreichtums auf die wesentlichen und wirklich nützlichen Dinge gelenkt, und dadurch werdet ihr all jene Produkte entwickeln, die für euch tatsächlich einen Sinn ergeben, und ihr werdet dabei nicht von wirtschaftlichen Überlegungen gesteuert werden, sondern euer Interesse gilt einzig dem Nutzen und der Umweltverträglichkeit.

Wie wird der Aufstieg
in die 5. Dimension vonstatten gehen

Auf dieser Welt gibt es bereits sehr viele Menschen, die den Weg zum Licht gefunden haben. Viele spirituell hoch entwickelte Persönlichkeiten, die sich nicht scheuen, von ihren Erlebnissen in der Welt des Lichts zu erzählen. In vielen Bereichen bereiten die „weißen Engel" die Welt auf den Aufstieg in die 5. Dimension vor. Es werden Energieströme zur Erde geführt, die die ganze Erdschwingung deutlich erhöhen und auch die Menschen in ihrer Schwingungsfrequenz beeinflussen. Ziel dieser höheren Schwingung ist die Annäherung der Frequenzen der Lichtwesen und der der Erdenburger, damit der Kontakt zueinander leichter möglich wird. Mit der gesteigerten Schwingung erleben die Menschen Schritt für Schritt einen Wandel in ihrem Bewusstsein. Es beginnt sich zu weiten und lässt viele neue Erkenntnisse zu. Dadurch werden die Menschen offener für die neuen Schwingungen, die nach und nach immer höher getaktet werden, um das Bewusstsein noch weiträumiger zu öffnen und die Erkenntnis einsickern zu lassen, dass der Mensch von Gott abstammt – sein Ebenbild darstellt und als Gesandter der höchsten Macht zur Welt gekommen ist.

Zuerst geht es darum, die Verbindung zur Quelle wiederherzustellen, und so läuft die direkte Energielinie aus dem Zentrum der Schöpfung in die Köpfe der Menschen, und dort entwickelt sich langsam, aber stetig ein völlig neues Bewusstsein, das die Herrlichkeit von Gott widerspiegelt.

Es ist ein stetiger Prozess, der schon seit geraumer Zeit begonnen hat und sich nach und nach seinem Höhepunkt nähert. Mehr und mehr Menschen werden sich dem Licht öffnen und aufhören, sich als voneinander getrennt zu betrachten, denn die Menschen werden verstehen, dass alles, was sie einem anderen Gutes oder Schlechtes tun, unmittelbar auf sie zurückfällt – alles kommt zurück, und jeder, der dieses Bewusstsein in sich trägt, wird ein anderes Verhalten sich selbst gegenüber, den anderen Menschen und der Natur gegenüber an den Tag legen.

Darüber hinaus wird immer weniger Verständnis für die Machenschaften der Mächtigen und der Reichen aufgebracht werden, denn die Menschen erkennen, dass die Bereicherung des Einen auf Kosten des Anderen nicht länger funktionieren kann. Der Widerstand wird steigen, und je mehr geöffnetes und geweitetes Bewusstsein auf der Erde existiert, umso weniger wird diese jetzige Gesellschaftsform weiter existieren können.

Ab dann beginnt sich eine Spirale zu drehen, die schrittweise den Druck auf die Mächtigen erhöht und diese immer mehr in die Defensive drängt – so lange bis der Druck zu groß wird, die Welle überschwappt und die Machtkonzentration gleichmäßig auf alle verteilt wird. Das bedeutet, dass die jetzt vorhandenen Zwänge, die in Form von Geld und Gewalt existieren, einer größeren und viel stärkeren Macht weichen werden. Die Macht der Einheit ist die größte Macht im Universum!

Solange diese Einheit allerdings noch nicht geschlossen wurde, wird auf dieser Welt noch eine Menge an Zerstörung und Vernichtung durch die Macht des Geldes zu beobachten sein. Mehr und mehr kommen die Machenschaften der Mächtigen an die Oberfläche – viele Skandale werden aufgedeckt – Machtstrukturen beginnen daraufhin zu zerfallen. Neue, verantwortungsbewusste Kräfte werden diese Positionen einnehmen und die Macht, aber auch die Verantwortung gegenüber den Menschen, der Natur und dem Planeten verteilen. Eine gewaltige Revolution des Bewusstseins bricht über die Gesellschaft herein und lässt keinen Stein auf dem anderen. Ob das alles friedlich über die Bühne gehen wird, hängt davon ab, ob beizeiten gemäßigte Führer gefunden werden, die keine Angst vor Machtverlust oder der Entwertung ihrer Schätze zugunsten der Allgemeinheit haben.

Mit welchen Veränderungen muss die Welt im Vorfeld rechnen? Das ist die zentrale Frage, die wir hier beantworten möchten. Im kleinen Rahmen beginnen die Veränderungen bereits in den einzelnen Unternehmen, wo starke Persönlichkeiten aus dem Hintergrund heraus den Druck auf die Unternehmensführung erhöhen und darauf drängen, dass Gerechtigkeit vorherrscht, dass Umweltaspekte größere Beachtung finden und dass für die Allgemeinheit Leistungen erbracht werden, die ein würdiges Miteinander fördern. Die gesamte Belegschaft wird hinter diesen Menschen stehen, die aus einem gesicherten Umfeld, das sie vor ungerechtfertigten Zugriffen schützt, agieren können. Stets kooperativ, aber bestimmt mit einem klaren Ziel vor Augen wird eine gerechte Verteilung der Macht angestrebt. Unternehmen werden feststellen, dass Geschäfte, die als eigentliches Motiv die Ausbeutung anderer und die Bereicherung auf Kosten anderer haben, nicht mehr funktionieren. Im Gegensatz zu früher werden aus unerklärlichen Gründen Waren, die ihren Preis nicht wert sind, keine Abnehmer mehr finden, und Verkäufer, für die allein ihr persönlicher Profit zählt, werden kaum noch Geschäfte machen. Die Konsumenten werden mehr und mehr ahnen, wenn jemand aufrichtig agiert und ihr Wohl als hauptsächliches Motiv seiner Tätigkeit im Auge hat. Laufend steigt die Zahl der Menschen, die sich mehr und mehr von den Machenschaften der Reichen abwenden, und der Widerstand wird stetig größer.

In der Politik werden neue, verantwortungsvolle Persönlichkeiten von der Basis nach oben drängen und die Mächtigen von ihrem Thron stoßen, um der Gerechtigkeit Genüge zu tun und die Reichtümer dafür zu verwenden, eine Gesellschaftsform vorzubereiten, die als höchstes Gut ein würdevolles Leben in gesunder Natur zum Ziel hat. Diese Menschen können sich auf den Rückhalt breiter Bevölkerungsschichten stützen und haben daher die Möglichkeit, die nötigen Reformen frei von Ängsten vor Macht- und Imageverlust durchzusetzen. Diesen Menschen ist nicht die Macht über etwas wichtig, sondern sie besitzen Macht und Stärke, um etwas zum Besseren zu bewegen. Sie fürchten sich nicht, dass sie nach getaner

Arbeit kritisiert werden – sie nehmen diese Kritik an, um noch besser Arbeit im Sinne der Allgemeinheit zu leisten. Diese Menschen genießen bereits den Rückhalt aus der Welt des Lichts und erfahren Anleitung und Ermutigung mit der Kraft des Lichts. Ihre Verbindung zur Quelle besteht bereits und wird Tag für Tag stärker.

Noch regiert die Macht des Geldes diese Welt. Nachdem die Gelder exorbitant ungerecht verteilt sind, stellt sich die Frage nach den Möglichkeiten, hier einen Ausgleich zu schaffen. Das meiste Geld wird heute mit Rohstoffen verdient, die zu horrenden Preisen an Rohstoffbörsen gehandelt werden. Die dort agierenden Personen haben ihr Produkt, das sie dort kaufen und verkaufen, noch gar nie so richtig zu Gesicht bekommen. Eigentlich schade, denn wenn sie einen Bezug zu ihrem Produkt hätten, dann würden sie über seinen wahren Wert besser Bescheid wissen. Dieses Bewusstsein von dem wahren Wert bzw. der Kostbarkeit dieser edlen Stoffe, die obendrein stark limitiert auf dieser Welt vorkommen, wird sich massiv verändern und damit ihr Wert in einer völlig neuen Relation gesehen werden. Dies wird dazu führen, dass Alternativen mehr und mehr an Bedeutung gewinnen, damit die kostbaren Ressourcen geschont werden können.

Die Macht des Geldes wird sich vorübergehend kurzfristig steigern, ehe sie zusehends an Bedeutung verliert. Neue Bewertungsmaßstäbe werden die Oberhand gewinnen, denn alles wird in seinem Wert am Beitrag zur Allgemeinheit gemessen werden. Eine Bewertungsvielfalt wird entstehen und das Endziel ist kein wirtschaftliches, sondern ein individuelles Bewertungssystem, das die Aspekte der Natur und der neuen Gesellschaftsform einbezieht.

Geld wird als Wert seine Macht einbüßen, denn andere Faktoren von weit höherem Rang halten Einzug in ein System, das generell keine Wertungen mehr vornimmt – es wird lediglich abgewogen, welche Alternative dem gesamten Kollektiv mehr dienlich ist und welche negativen Begleiterscheinungen vorübergehend bis zur Schaffung echter Alternativen in Kauf genommen werden. Ein Wertesystem, das mit einer Bewertung nicht vergleichbar ist. Es entsteht ein Wertesystem, das die allerhöchsten Werte zum Gesetz macht und woran alle Bemühungen und Aktivitäten gemessen werden.

Die heutige Gesellschaft ist auf der Vereinzelung aufgebaut – d.h. jeder lebt für sich, getrennt von allen anderen. Das ist auch der Grund für die unzähligen Singlehaushalte. Junge Menschen, die etwas länger als gewöhnlich im Elternhaus leben, werden belächelt und geringgeschätzt. Die Alten werden, sobald sie eine Last darstellen und Unterstützung für ihren Tagesablauf brauchen, in eine Betreuungsstätte abgeschoben und als überflüssig und wertlos betrachtet. Ausrangiert und ohne jeglichen Lebenszweck, warten sie auf ihr Ende. Doch gerade die Weisheit der Alten, deren Lebenserfahrung und andere Sicht der Dinge ist so wertvoll für die jüngeren Generationen. Dieser Umstand wird den Menschen durch die Ausweitung ihres gesamten Bewusstseins wieder bewusst, und das Zusammenleben in mehreren Generationen folgt daraus. Die Singularität wird aufhören und Gemeinschaftsformen unterschiedlicher Art werden geschaffen. Ein neues Miteinander unter höchster gegenseitiger Wertschätzung entsteht. Die Menschen werden sich langsam ihrer Einheit bewusst und im Zuge dieser wiedererlangten Einheit eine völlig neue Gesellschaftsform bilden.

Die Natur leidet unter der Ausbeutung von Rohstoffen, unter der großflächigen Rodung der Urwälder (den Lungen der Erde) und der exzessiv betriebenen Landwirtschaft, die Unmengen von Kunstdünger und Pestiziden in die immer weniger fruchtbaren Böden einbringt. Die Abkehr von der künstlichen Erzeugung der Lebensmittel ist eine der großen Veränderungen. Natürlich biologisch unter strengsten Kriterien ist künftig kein „Trend" mehr, sondern Selbstverständlichkeit. Auch die heutige Viehzucht, die Unmengen von Ackerland benötigt, um Futtermittel zu erzeugen, wird sich schrittweise ändern. Heute werden Tiere noch in großen Mengen gezüchtet, um zur Nahrungsmittelgewinnung geschlachtet zu werden. Durch die Veränderung des Bewusstseins der Menschen wird den Nutztieren eine völlig neue Bewertung zuteil werden. Durch die Bewusstwerdung seiner Einheit nicht nur mit allen Menschen, mit

Gott und dem Universum, sondern auch mit der Tier- und Pflanzenwelt überdenkt der Mensch seine Ernährungsgewohnheiten. Man wird Tiere noch im Stall finden, doch nur in geringer Anzahl, und auf keinen Fall zur Gewinnung von Nahrungsmitteln. Diese Tiere werden dem Menschen durchaus nützlich sein – ihm bei der Verrichtung gewisser Arbeiten behilflich sein, doch die Ernährung erfolgt zusehends vegetarisch.

Wenn die Menschen heute von Gesellschaft sprechen, sehen sie einzelne Länder, Gemeinden und Gruppen, die zusammenarbeiten und untereinander ihre Aufgaben teilen, zentral organisiert von einer Regierung, die versucht, die Geschicke des Landes zu steuern und der Wirtschaft möglichst viele Vorteile gegenüber den konkurrierenden Nachbarstaaten und der ganzen Welt zu verschaffen. Sogenannter Wohlstand für das Land – soll heißen, dass keiner mehr verhungert – ist das große Ziel. Weit gefehlt, wenn man glaubt, dass selbst die reichen Länder es geschafft haben, ihre Bevölkerung sorgenfrei leben zu lassen! Die Gesellschaftsform, die den Einzelnen in den Vordergrund rückt, der zeigen muss was er alles hat und was er alles kann, damit er Geld verdient, wird sich zusehends verändern. Heute bekommt derjenige, der aus irgendeinem Grund nicht arbeiten kann oder vielleicht gar nicht will, weil er dieses System als unpassend empfindet, Almosen und wird an den Rand der Gesellschaft gedrängt und als wertlos abgestempelt.

Das neue Einheits-Bewusstsein dagegen schätzt den Wert eines Menschen ebenso hoch ein, auch wenn er im Augenblick keine Lust auf Arbeit verspürt. Vielleicht ist er ein großer Denker, und irgendwann in seinem Leben hat er die zündende Idee, von der die ganze Welt ungemein profitiert.

Die momentane Gesellschaftsform stellt sich nach und nach als immer weniger brauchbar heraus und die Menschen beginnen sie umzuformen, ganz im Einklang mit der bewussten Einheit des Ganzen. Man wird aufhören zu bewerten und jeden gleich achten – unabhängig von seinem Beruf oder seiner Herkunft und Hautfarbe.

Die Wunden, die der Natur zugefügt wurden und werden, sind enorm – das kümmert die Menschen heute relativ wenig. Es werden zwar immer wieder große Treffen der Industrienationen organisiert, um dem Klimawandel entgegenzutreten, doch in Wahrheit stoßen hier zu viele gegensätzliche Interessen aufeinander, die eine Einigung auf einen radikalen Schnitt einfach nicht zulassen. Es nehmen zwar alle teil, um nicht als große Umweltsünder, die davor auch noch die Augen verschließen, dazustehen und dem Gespött ausgesetzt zu sein. Doch tiefgreifende Einigungen werden hier keine erzielt, solange jeder seinen eigenen Vorteil sucht.

Menschen, die von der Basis mit neuem Bewusstsein emporsteigen, werden eine neue Ära im internationalen Bemühen um eine grundlegende Änderung der Umweltstandards einleiten. Diese neuen Denker haben die Macht und die Energie des Lichts, um hier in letzter Sekunde ein weltweites Umdenken zu erreichen.

Die Welt sucht nach Halt – doch nichts von alldem, was bisher etwas galt, wie Geld, Gold und Macht, wird ihn geben. Alles bricht weg und macht Platz für ein völlig neues System. Das neue System muss sich jedoch erst formen und die Menschheit gerät in einen Zustand der Orientierungslosigkeit, der eine geraume Zeit in Anspruch nehmen wird. Diese Orientierungslosigkeit ist genau der Zustand, von dem sich die neuen Gehirnareale des geweiteten Bewusstseins angesprochen fühlen und neue Einsichten und Ideen zur Lösung der gesellschaftlichen Aufgaben hervorbringen. Es werden neue Persönlichkeiten in den Vordergrund treten, die den Menschen in ihrer Region ihre Gedanken und Vorschläge zur Fortführung bzw. Neuformung des gesellschaftlichen Zusammenlebens unterbreiten.

Diese Menschen werden einen Expertenrat vorschlagen, der alle entscheidenden Bereiche des gesellschaftlichen Lebens abdeckt, um kurzfristig das Überleben für alle Menschen zu gewährleisten und dafür zu sorgen, dass die wesentlichen Bereiche des täglichen Lebens wieder funktionieren und die Bevölkerung mit Nahrungsmitteln versorgt werden kann. Damit ist der erste Schritt zur Neuschaffung einer Gesellschaft getan, und dieser Expertenrat wird Anerkennung finden und nach und nach mehr Vertrauen genießen. Im Vordergrund steht zunächst das Fortführen der wichtigsten Arbeiten zur Versorgung der Welt mit Nahrung und mit Energie. Die Menschen, die bisher in diesen Bereichen gearbeitet haben, werden zu ihrer Arbeit zurückkehren, um der Allgemeinheit dienen zu können – nach und nach finden alle wieder Lust, einer Tätigkeit nachzukommen, und jeder sucht sich gemäß seiner Qualifikation eine Aufgabe, um das Gesellschafts-System aufrecht zu erhalten. Niemand wird dafür eine Bezahlung erhalten, denn alle sind froh, dass sie am Dienst an der Allgemeinheit teilhaben können und dadurch einen wertvollen Beitrag für alle leisten dürfen.

Somit ist die Grundversorgung der Bevölkerung wieder gesichert, und die Struktur kann sich langsam wieder festigen. Es werden noch viele Korrekturen vorgenommen werden, um den Ablauf zu optimieren, und die Menschen werden beginnen, ihre gewonnene Freiheit zu genießen. Viel Zeit für sich selbst wird vorhanden sein und neue gemeinschaftliche Unternehmungen entstehen, die alle den Zweck haben, für die Allgemeinheit etwas Sinnvolles zu kreieren. Helle Köpfe, die bislang dem Zwang des Geldes unterworfen waren, können sich entfalten und unzählige Neuentwicklungen in Gang setzen. Große technische Fortschritte werden daraus entstehen und das Leben auf der Erde im Laufe der Jahre revolutionieren.

Nach und nach entdecken die Menschen auch ihre Fähigkeit, mit ihren Gedanken zu erschaffen. Sie entdecken ihre Fähigkeit, sich ihre Realität jeden Tag neu zu erschaffen, und beginnen damit zu experimentieren. Immer schneller beginnen die Gedanken, in Form von Materie erkennbar zu werden, und der Mensch beginnt zu verstehen, dass er es selbst in der Hand hat, sein Leben zu gestalten, und braucht sich nicht mehr auf irgendeine Organisation zu verlassen, für die er täglich arbeiten gehen muss, um das Geld zu verdienen, das er benötigt, um ein glückliches Leben zu führen. Diese neugewonnene Freiheit nutzt der Mensch zusehends für seine persönliche Entwicklung und zur Entwicklung der gesamten Gesellschaft. Neue

Kräfte werden frei, um die ganze Nation, den ganzen Kontinent und zuletzt die gesamte Welt emporzuheben in eine neue Verständniswelt, die der Mensch heute in seiner Tragweite noch gar nicht abschätzen kann.

Diese neue Welt beginnt sich zu vereinen – eine Einheit zu bilden aus allen Völkern und Nationen – langsam verstehen die mit Rohstoffen reichlich ausgestatteten Nationen, dass sie mit ihrem Gut sorgsam umgehen müssen, denn es ist erstens knapp und andererseits muss darauf geachtet werden, dass eine gewisse Umweltverträglichkeit an den Tag gelegt wird – einerseits bei der Gewinnung dieser Rohstoffe und andererseits beim Transport, der Verarbeitung und Verwendung im fertigen Produkt. Diese Bewusstheit sorgt vorerst für einen Engpass in den abhängigen Ländern. Dieser Engpass wird diese Länder in ihrer Entwicklung kurzfristig etwas bremsen, andererseits regt dies die Schaffung umweltfreundlicher Alternativen an, und der ganze Innovationskreislauf wird in Gang gesetzt und enormes Entwicklungspotenzial tritt zu Tage, um der Welt umweltfreundliche Alternativen zur Verfügung zu stellen, die wiederum in die ganze Welt exportiert werden, und das obendrein auch noch ohne Gegenleistung!

Es entsteht eine Innovationsbörse, aus der sich jeder zu jeder Zeit bedienen kann, ohne dafür einen Beitrag leisten zu müssen, denn das neue Verständnis bewegt die Menschen dazu, nicht mehr nur an sich und ihren persönlichen Vorteil zu denken, sondern es wird selbstverständlich, dass jeder sein gesamtes Wissen an alle weitergibt, damit jeder davon profitieren kann.

Im Fokus der Bemühungen steht einerseits das Wohl der gesamten Menschheit und andererseits das Wohl der Natur und aller Lebewesen. Diese höchsten Güter werden als solche anerkannt und alle Bemühungen richten sich daran aus. Große Freude am Tun macht sich breit – jeder erkennt sein persönliches Potenzial und setzt dieses voller Liebe für alle anderen ein – jeder nimmt teil an den Arbeiten, die für die Gemeinschaft notwendig sind, und sorgt dafür, dass jeder seine persönliche Entwicklung fortsetzen kann und bietet dafür seine Unterstützung an.

Plötzlich geht alles sehr viel einfacher – die Menschen verstehen, dass das Prinzip der Freiwilligkeit sehr viel mehr Bereitschaft hervorbringt, sich zu engagieren und eine hochwertige Arbeit zu leisten. Mit großer Freude wird jeder ans tägliche Werk gehen und Innovationen werden nur so hervorsprudeln.

Verwaltungstätigkeiten wird es nur mehr in ganz geringem Ausmaß geben – die gesamte Finanzverwaltung und Buchhaltung fällt völlig weg – die unzähligen Kräfte, die damit beschäftigt waren, stehen nun für andere weit wertvollere Tätigkeiten zur Verfügung und können den Prozess der Entwicklung der Gesellschaft massiv unterstützen. Alles friedliche Menschen, die gerne zusammenarbeiten – selbst wenn es einmal Spannungen und Meinungsverschiedenheiten geben sollte, so werden diese im Rahmen der Gemeinschaft gelöst und zum Schluss wird liebevoll weitergearbeitet zum Wohle des Ganzen.

Familien erhalten Zuwachs – weniger in Form von neugeborenen Kindern, sondern vielmehr wachsen die Familien wieder zusammen – Generationen vermischen sich in einem Haushalt, und Freunde – alte wie neue – werden in diese Gemeinschaft aufgenommen, denn die Getrenntheit hat ein Ende gefunden und ab sofort zählt das Kollektiv. Ein Kollektiv, das sich die täglichen Aufgaben freiwillig und ohne Zwang aufteilt und vieles möglich macht, das bislang unvorstellbar war.

Die Politik in der bisherigen Form wird ihre Macht und Bedeutung gänzlich verlieren – die alten Führer werden zurückkehren zu ihren Familien und dort ein Dasein führen, das sich von den anderen Mitgliedern der Gesellschaft nicht unterscheidet. Man wird diesen Menschen weder böse sein, noch werden sie für ihre Tätigkeiten verurteilt werden – sie werden lediglich als Teil der Gemeinschaft geehrt und geschätzt, so wie es jedem andern auch zuteil wird.

Ehemals verurteilte Menschen, die aus der Gesellschaft ausgeschlossen wurden, werden wieder in das Gesellschaftsleben eingegliedert, Gefängnisse aufgelöst und für andere Zwecke genutzt. Alle Taten werden verziehen, denn das neue Bewusstsein der Menschen heilt auch die Erfahrungen derer, die entweder als Täter oder als Opfer in Erscheinung getreten sind. Alle haben die Möglichkeit, ihren Anteil zum täglichen Beitrag für die Gemeinschaft beizutragen, und zwar so, wie er am meisten Spaß daran hat und worin er den größten Sinn für die Gesamtheit sieht. Selbst wenn sich jemand entscheidet, sich seiner persönlichen Entwicklung zu widmen und eine Zeitlang keinen aktiven Beitrag zum Gemeinwohl zu leisten, so wird dies voll akzeptiert werden und niemand urteilt darüber.

Die Kirchen und alle Religionen werden weiterhin in ihrer ursprünglichen Form Achtung finden – Achtung in Form von Dankbarkeit dafür, dass sie den Menschen in der Zeit vor der Weitung des Bewusstseins so viel Halt und Führung gegeben haben. Aktiv praktiziert wird der Glaube jedoch nicht mehr. Die Erfahrungen der Singularität dienen als Mahnmahl, und die Religionen werden zu Hütern dieser Erfahrungen auserkoren, um der Menschheit für alle Zukunft mahnend als großes, kollektives Gewissen zu dienen.

Die Revolution der Gesellschaft verläuft stetig – fast täglich werden neue Erkenntnisse gewonnen und die daraus abgeleiteten Veränderungen fließen sehr schnell in die neue Gesellschaftsform ein. Alles verläuft grundsätzlich friedlich – natürlich werden zuerst gewisse Spannungen auftreten, die jedoch hauptsächlich aus der Angst entstanden sind – aus Angst vor der Ungewissheit, die viele noch nicht ganz ablegen können. Mit der Unterstützung der anderen Menschen wird diese Angst jedoch langsam weichen und an ihre Stelle ein Wohlgefühl treten und ein Verständnis der gesamten menschlichen Einheit. Getragen von Liebe, entwickelt sich mehr und mehr ein Zusammenleben, das auf keiner Leistung mehr aufbaut, die es zu bewerten gilt, sondern auf einer einzigen Absicht beruht – der Gemeinschaft in Liebe zu dienen.

Für alle Skeptiker an dieser Stelle sei bemerkt, dass diese Revolution zuerst in den Köpfen der Menschen stattfinden wird, ohne sofort Handlungen nach sich zu ziehen, denn dieses Umdenken bedarf einiger Zeit, um sich zu manifestieren. Nach und nach beginnen dann

Einzelne zu handeln, und die breite Masse wird ihren neuen Anführern folgen, denn sie erkennt deren Absicht zum Wohle der Gemeinschaft und weiß, dass es diesen Menschen nicht mehr um ihren persönlichen Vorteil geht. Nachdem die Menschheit ihre alten Führer abgesetzt hat und neue Kräfte emporgestiegen sind, wird der Umbau der Gesellschaft schrittweise vollzogen – der erste Schritt ist die Auflösung der Regierung und die Bildung lokaler Weisenräte, die zuerst die Aufgabe haben, die Bevölkerung mit Nahrung zu versorgen. Alle werden zusammenhelfen, um die Entscheidungen der Weisenräte in die Tat umzusetzen – anfänglich noch etwas chaotisch – doch mehr und mehr mit Struktur. Die Menschheit braucht sich nicht zu sorgen, dass es dazu kommt, dass Einzelne hungern müssen – es ist genug für alle da – es geht nur um die Verteilung. Dazu dienen die bestehenden Verteilungsstrukturen, die aufrechterhalten und auch zukünftig als Verteilungsstellen dienen werden.

Nach und nach erfolgt die Umstellung der Nahrungsmittelproduktion auf biologische Landwirtschaft, und mehr und mehr verschwinden die Gelüste nach tierischen Nahrungsmitteln. Die biologische und vegetarische Ernährung tritt in den Vordergrund – sehr bald werden die Menschen feststellen, dass ihre neue Ernährung viele Vorteile mit sich birgt, da sich der Gesundheitszustand der gesamten Weltbevölkerung drastisch verbessert. Dadurch, dass es keinen Leistungsdruck und keine Abhängigkeit von einem Arbeitsplatz mehr gibt, wird die seelische Belastung der Menschen wegfallen, und alle werden befreit aufatmen können und mit Freude eine Tätigkeit übernehmen, die sowohl den eigenen Vorstellungen entspricht als auch der Allgemeinheit dient.

Die Militärs werden der ganzen Entwicklung gelassen zusehen und nicht einschreiten, denn auch sie unterliegen in ihren Köpfen einer Wandlung, und es sehnt sich kein Kommandant von Streitkräften danach, die Bevölkerung in irgendeiner Form zu unterdrücken, ganz besonders deshalb nicht, weil die Veränderungen gewaltfrei über die Bühne gehen werden. Die Militärs werden den gesamten Prozess unterstützen und auf die Verteilung maßgeblich unterstützend Einfluss nehmen, eine Einsatztruppe, die sich als der Gesamtheit dienlich positionieren wird.

Frage: Ich kann mir schwer vorstellen, dass einerseits die Mächtigen freiwillig abdanken und andererseits in vielen weniger demokratischen Ländern die Militärs die Chance nicht ergreifen, um die Macht im Land zu übernehmen?

Der Hintergrund der Umstellung in der Machtstruktur der Länder ist die neue Bewusstheit der Menschen von ihrer Einheit – und nachdem alle eins sind, wird jeder dafür sorgen, dass sein Abbild, auch wenn es in unterschiedlicher Ausprägung existiert, das Gleiche und ebenso nur das Beste bekommt. Die friedliche Revolution des Bewusstseins trägt Unmengen von Liebe in sich, da wird niemand auch nur annähernd auf die Idee kommen, die Liebe an ihrem Ausdruck zu hindern. Jeder wird sich von der Welle der Zuneigung mitreißen lassen, und auf diesem Hochgefühl wird sich rasch eine neue Form des Zusammenlebens etablieren.

Frage: Ebenso schwer vorstellbar ist, dass dies alles friedlich über die Bühne gehen soll und dass es keine Plünderungen und dergleichen geben wird! Die Menschen haben doch Angst um ihre Existenz und hamstern alles, was sie in die Finger kriegen können?

Aus heutiger Sicht mag das durchaus so sein, doch wenn das neue Bewusstsein in die Menschen eingekehrt ist, wird sich auch die Einstellung zur Sorge ums eigene Leben ändern. Denn durch das Wissen um ihre Einheit mit Gott ist allen Menschen klar, dass sie dadurch unsterblich sind, und selbst wenn jeder weiß, dass das Leben auf der Erde biologisch ein Ende haben wird, so weiß er doch, dass er ewig leben wird und, wenn er möchte, jederzeit auf die Erde zurückkehren kann, um seine Erfahrungswelt weiter auszubauen. Dieses neue Bewusstsein lässt die Menschen keine Angst mehr verspüren, und deshalb entfällt auch die Notwendigkeit, irgend etwas zu horten, denn es ist genug für alle da, und alle werden daran teilhaben, dass die Versorgung aller bestens funktioniert. Alle Verknappungen auf dieser Welt wurden bisher künstlich herbeigeführt, dies wird es nicht mehr geben!

Frage: In welchem Land oder Kontinent wird die Revolution der Gesellschaft ihren Ausgang nehmen?

Das Bewusstsein verändert sich auf der ganzen Erde gleichzeitig – in gewissen Ländern mag es aufgrund der spirituellen Entwicklung im Vorfeld zu größeren Vorbereitungsaktivitäten kommen, doch ausgehend von der globalen Bewusstseinserweiterung kann man kein Land oder keine Region ausmachen, die hier vorausgeht. Sehr wohl wird irgendwo die Initialzündung erfolgen, der sogleich alle anderen Menschen folgen werden. Wo dies passiert, ist nicht vorherzusagen, denn der Mensch hat einen freien Willen, und je nachdem wann sich die erste Gruppe entscheidet, mit den Veränderungen zu beginnen, wird das überall der Fall sein.

Frage: Ich habe im Internet gelesen, dass unsere Seelen angeblich im Zuge des Aufstiegs in die 5. Dimension zurückkehren ins Licht und durch andere höherentwickelte Seelen getauscht werden. Für eine kurze Zeit soll unser Körper quasi ohne Seele sein. Ist das wahr?

Es wird vieles geschrieben, was mit Vorsicht zu genießen ist. Es ist eine gute Gelegenheit, um grundsätzlich klarzustellen, dass der Aufstieg der Menschheit in die 5. Dimension keinen Akt von „übernatürlichem Geschehen" darstellt. Das bedeutet, dass eure Seelen genau dort bleiben, wo sie hingehören – zu euch. Und dort werden sie auch bleiben, solange sie es für richtig halten. Wann die Seele in die Welt des Lichts zurückkehren will, entscheidet nur sie selbst. Im Zuge des Aufstiegs werden lediglich Areale des menschlichen Gehirns zugänglich gemacht, die eine Ausweitung des Bewusstseins der Menschen ermöglichen und dadurch die schöpferische Urgewalt

– der Gedanke – eine völlig neue Dimension erhält. Dem Menschen wird immer mehr bewusst werden, dass er durch seine Gedanken seine Wirklichkeit beeinflussen kann.

Frage: Werden alle Menschen in die 5. Dimension aufsteigen, oder werden manche, die sich geistig nicht öffnen möchten, in der 3. oder 4. Dimension zurückbleiben?

Der Aufstieg der Menschheit betrifft ausnahmslos alle Menschen – niemand ist davon ausgenommen – alle erhalten die gleiche Möglichkeit, durch ein geweitetes Bewusstsein ihre Welt neu zu erschaffen und in der neugewonnenen Einheit mit allen und allem ein glückliches Leben zu führen. Niemand kann in den anderen Dimensionen zurückbleiben und wird dies auch nicht wollen!

Frage: Was hat es mit den Indigo-Kindern auf sich, die seit geraumer Zeit auf dieser Erde geboren werden?

Die Indigo-Kinder, wie ihr sie nennt, werden seit vielen Jahren geboren. Es sind ganz normale Kinder, die eine ausgeprägte Fähigkeit in der Wahrnehmung von Energien haben und dadurch viel sensibler sind als ältere Menschen. Durch ihre Sensibilität können diese Kinder schneller und sicherer entscheiden, ob ihnen die vorherrschenden Energien gut tun oder nicht. Sie erkennen die Absicht der Menschen besser, weil sie intuitiv auf ihre gesteigerte Sensibilität zurückgreifen und die ausgesendete Energie wahrnehmen, um zu entscheiden, ob dieser Mensch ihnen Gutes will oder nicht. Diese Sensibilität kann auch als Hellsichtigkeit oder anderen übernatürlichen Phänomenen zum Ausdruck kommen. Diese Kinder sind ganz normal, haben jedoch von Geburt an einen anderen Zugang zu den höheren Schwingungen. Der Aufstieg in die 5. Dimension wird für diese Kinder kein großartiges Ereignis sein, denn sie bringen bereits von Geburt an Fähigkeiten mit, die andere Menschen erst entdecken müssen. Die Aufgabe der Indigo-Kinder besteht darin, dass sie der Menschheit durch ihre Wahrnehmung und ihr gesteigertes Bewusstsein ratgebend zur Seite stehen können. Sie werden die Gestalter der neuen Gesellschaft sein, die sich in Kürze auf der Welt formen wird.

Frage: Zu welchem Zeitpunkt genau passiert der Aufstieg bzw. die Ausweitung unseres Bewusstseins?

Der Aufstieg hat bereits begonnen – seit geraumer Zeit erhöhen sich die Schwingungsfrequenzen der Erdenergie und der Energie der Menschen. Es ist ein Prozess, der schon seit vielen Jahren im Gange ist und zum Ende des Jahres 2012 seinen Abschluss finden wird. Dieser Zeitpunkt ist jedoch kein plötzlicher Wandel, von dem an ab dem nächsten Tag alles anders sein wird – der Übergang ist fließend, und der Übergang hat bereits begonnen. In diesem Buch wird der Übergang in einzelnen Phasen beschrieben, wie er sich in den einzelnen Bereichen der Gesellschaft ausprägen wird. Wir gehen hier über den Zeitpunkt der Beendigung des Prozesses der Schwingungserhöhung hinaus und zeichnen Szenarien, wie sich die Gesellschaft auf dem neuen Bewusstsein aufbauen wird.

Frage: Wir haben jetzt soviel von ewigem Leben, der Rückkehr zur Erde nach dem Tod, unserer Seele, unserer Abstammung und dem Sinn des Lebens gehört. Könntest du für uns bitte zusammenfassen, wie das Leben überhaupt abläuft und funktioniert?

Ja, sehr gerne! Die menschliche Rasse wurde geschaffen, um den Teilen von Gott, die sie verkörpern, die Gelegenheit zu geben, sich selbst zu erkennen als das, was sie sind – eben ein Teil von Gott. Hierfür wurde das Drama des Lebens auf der Erde geschaffen, damit die Teile von Gott in Form einer Seele, die den menschlichen Körper zusammenhält, im Prozess des Lebens alle Phasen durchlaufen können. Um all ihre Erfahrungen zu machen und auch über die Seiten, die die Teile ihres Wesens zum Ausdruck bringen, die sie nicht sind, zurückzufinden zu ihrer Einheit mit Gott. Das bedeutet, dass die Menschen durch das Vergessen ihrer Herkunft unzählige Entscheidungen treffen und ihnen im Laufe ihres Lebens Situationen widerfahren, die das Gegenteil von Gott zum Ausdruck bringen. Diese Erfahrungen empfinden die Menschen oftmals als sehr dramatisch und deshalb fürchten sie sich davor. Die Seele sieht dies jedoch weniger emotional als ihr Mensch und lernt, über diese Erfahrung mehr und mehr zurückzufinden zu ihrer Einheit mit Gott. Die Seelen werden in unterschiedliche Altersstufen eingeteilt, und erst wenn eine Seele entsprechend viele Inkarnationen durchlaufen hat, kann sie als sogenannte alte Seele ihren Inkarnationszyklus beenden und in feinstofflicher Form weiterexistieren und sich über andere Erfahrungen weiterentwickeln bis zur höchsten Form, der Einheit mit Gott. Somit endet das Leben nie – es ist lediglich gekennzeichnet von unterschiedlichen Erscheinungsformen und unterschiedlichen Entwicklungsstufen. Das Ziel auf Erden ist, über die gewonnenen Erkenntnisse zur Weisheit – zur Meisterschaft zu gelangen. Derzeit befinden sich sehr viele reife und ältere Seelen auf der Erde, die aufgrund ihrer Weisheit und Erfahrung den Aufstieg in die 5. Dimension nicht nur selbst erfahren möchten, sondern ihn unterstützen.

Nachstehend finden Sie einige zu diesem Kapitel passende Botschaften, die ich im Vorfeld und während der Erstellung dieses Buches zur Veröffentlichung auf meiner Website empfangen habe:

Die Welt tritt in eine neue Ära ein, die mit keiner der bisherigen Erfahrungen der Erdenbürger vergleichbar ist. Die Schwingungen der Energien haben sich erhöht und steigen weiter – erst wenn alle Menschen ihre Frequenz erhöht haben, kann der Aufstieg in die nächste Dimension erfolgen. Eine Weitung eures Bewusstseins wird es euch ermöglichen, im vollen Bewusstsein eurer Göttlichkeit zu leben und diese Welt in eine völlig neue Richtung zu lenken. Ihr werdet unzählige neue Möglichkeiten erfahren und das Leben aus dem Blickwinkel der Naturgesetze betrachten und formen können. Diese Welt erhält eine zusätzliche Dimension bestehend aus dem Element der Einheit und dem Erinnern an eure bisherigen Inkarnationen. Freut euch auf diese Erfahrung, denn es wird euch von Gott gegebene Barmherzigkeit zuteil werden. Alles, was bisher geschah, wird verziehen werden und alle Erlebnisse werden rückblickend als gewünscht und von euch selbst erschaffen, erkannt werden. Alles wird sich in Wohlgefallen auflösen und ihr werdet mit viel Freude ein neues Dasein führen. Ich begleite euch auf diesem Weg!

Liebe Menschen, liebe Gesandte von Gott, es wird eine wunderschöne Zeit! Ihr lasst alles hinter euch – alles, was eine Einschränkung eurer selbst darstellt und euch daran hindert, euch selbst als Schöpfer in Erscheinung treten zu lassen. Stellt euch vor, nichts und niemand hindert euch daran, jetzt sofort in die weite Welt hinauszureisen und tagelang die Orte zu besuchen, die ihr schon immer sehen wolltet – nichts und niemand kann euch daran hindern, so lange zu bleiben, wie ihr wollt. Es gibt keine Verpflichtung, die euch zurückhält – es gibt keine finanziellen Einschränkungen –, es gibt keine möglichen Konsequenzen, wenn ihr ausschließlich das tut, wonach euch gerade ist. Niemand wird urteilen – niemand wird richten über euch – ihr genießt alle Freiheiten, die man sich nur vorstellen kann. Ihr werdet die ganze Herrlichkeit des Seins verspüren und in engster Verbindung mit dem Universum ein glückliches Dasein führen. Damit ihr dorthin kommen könnt, braucht ihr eine Vorstellung davon, was ihr in Wirklichkeit seid – ein Teil von Gott! In diesem Bewusstsein könnt ihr alles schaffen, was ihr braucht, um ein glückliches und erfülltes Leben zu führen. Bereitet euch darauf vor, indem ihr diesen Gedanken zulasst und in eure Persönlichkeit integriert!

Die Welt beginnt einen Weg einzuschlagen, der seinesgleichen sucht – alles bislang Gewohnte wird sich in Wohlgefallen auflösen. Auflösung – darunter ist zu verstehen, dass alle eingefahrenen Wege und Verhaltensmuster einer Überprüfung bedürfen und durch neue Muster ersetzt werden. Diese bauen auf den neuen Grundsätzen der Einheit und der Gleichberechtigung aller auf. Die neu zu formende Gesellschaft wird keine Gesetze mehr brauchen – Weisheit und Lebenserfahrung werden die Basis für die maßgeblichen Entscheidungen sein. Ein Rat der Weisen, der regelmäßig neu gewählt wird, entscheidet über die Verteilung und Verwendung der lebensnotwendigen Güter. Luxus im klassischen Sinne als Mittel zur Demonstration von Reichtum wird keine Bedeutung mehr haben. Nützliche Güter, hergestellt unter den höchsten Gesichtspunkten der Naturverträglichkeit, werden natürlich weiterhin zur Verfügung stehen. Die technischen Möglichkeiten werden einen enormen Fortschritt machen. Es wird eine wunderschöne Erfahrung für euch!

Auf diesem neuen Weg werden die Menschen eine interessante Wandlung ihres Bewusstseins erleben, die sie ganz besonders beeindrucken wird. Diese Veränderung in den Gedanken erfasst die gesamte Menschheit und offenbart ein Wesen, das voll von Güte und Barmherzigkeit ist. Ein völlig neues Zusammenleben auf der Basis des Herzens erwartet euch – niemand wird mehr Lust verspüren, dem anderen etwas anzutun – niemand wird das Bedürfnis haben, jemandem Leid zuzufügen. Alle werden sich gegenseitig zwar als einzelne Individuen erkennen, doch im Grunde wird jeder wissen, dass alle derselben Quelle entstammen – ein völlig neues Gefühl, das das Leben auf der Erde in ein völlig neues Licht rückt. Alle Menschen werden mit großer Achtung vor einander und vor der Welt ein Dasein führen, das nur einen einzigen Sinn und Zweck hat: der Ausdruck Gottes auf Erden zu sein.

Geliebte Bürger dieser Erde, Tag für Tag kommt ihr einer Erfahrung näher, die für euch den Eintritt in eine neue Epoche bedeutet. Ihr habt bereits begonnen, euch mit der Materie des Neuen zu verbinden. Eure Schwingungsfrequenz nähert sich langsam dem Punkt an, wo es bereits die ersten Lichtpunkte in eurem Wesen zu verändern beginnt. Ihr tragt unzählige dieser Punkte in euch, und jeder ist mit Informationen gespeist, die jetzt Schritt für Schritt neu programmiert werden. Diese Veränderungen geschehen vorläufig unbemerkt – das Ergebnis werdet ihr nach und nach verspüren, indem sich euer Selbstverständnis verändert. Ein langsamer Prozess, der die nächste Zeit andauern wird. Zu spüren werden die ersten Auswirkungen daran sein, dass die Menschen friedlicher eingestellt sind und Konflikte verstärkt am Verhandlungstisch ausgetragen werden können. Alle Arten von Kooperation werden besser funktionieren als bisher. Der Mensch beginnt, seine soziale Seite zu betonen – ein erster Schritt in die neue Dimension.

Liebe, auf dem Weg in die 5. Dimension befindliche Menschen dieses wunderschönen Planeten, es ist mir eine große Ehre, euch dorthin zu begleiten! Wenn ihr in euch hineinhört und genau darauf achtet, was euch eure innere Stimme verrät, dann wisst ihr, dass ihr Gott sehr nahe seid. Diese innere Stimme ist der Teil von euch, der permanent mit Gott in Verbindung steht und euch den Weg weist. Achtet auf alle Signale, die wir euch senden – das können blitzartige Gedanken sein oder spontane Einfälle oder vielleicht nur so ein Gefühl, das euch übermannt – wir sind in jeder Sekunde Tag und Nacht ganz nah bei euch und zeigen euch den Weg ins Licht. Hört genau hin, achtet darauf, und ihr seid auf dem richtigen Weg! Gott lenkt euch in die Richtung, die eurem Wesen und eurer Herkunft entspricht – achtet darauf, und ihr werdet Erfüllung finden. Das Leben ändert sich sehr schnell – achtet auf die Signale, und ihr werdet den Wandel erkennen, der bereits voll im Gange ist. Freut euch darauf, denn der Weg führt euch ins Licht!

Es ist mir eine Freude zusehen zu können, wie sich immer mehr Menschen dem Licht zuwenden und von all den *Altlasten*, wie Hass,

Verachtung und Geringschätzung des anderen, verabschieden. Ein neues Bewusstsein für den Nächsten macht sich zusehends breit, und der Kampf zwischen den Menschen schlägt in ein liebevolles Miteinander um. Die Menschen sehen sich unter dem neuen Gesichtspunkt der Einheit – der Einheit mit Gott – und verändern ihr Verhalten im Umgang mit den anderen. Eine Bewusstseinsänderung, die weitreichende Folgen hat, denn jeder definiert sich selbst neu und wünscht sich eine neue Welt, in der die Einschränkungen durch die Macht des Geldes aufgelöst werden und höhere Werte in den Vordergrund treten. Eine neue Welt entsteht, die den Menschen die Möglichkeit gibt, ihr Leben selbst, frei von allen Ängsten zu gestalten und genau das zu tun, was sie für sich als richtig empfinden. Eine freie Welt ohne Auflagen und Zwänge – alles beruht auf freiwilliger Basis, und alles dient dem höchsten Ziel – ein glückliches Leben in einer liebevollen Gesellschaft und heiler Natur zu führen.

Mensch zu sein, bedeutet, Gott zu sein und all seine schöpferische Kraft in sich zu tragen! Dieses Bewusstsein werden alle Menschen in sich tragen, wenn der Prozess der Bewusstseinserweiterung abgeschlossen ist. Dieser Prozess hat begonnen und wird sich in den nächsten Monaten weiter beschleunigen. Bereits zum Jahresanfang wird die Schwingung der Erdenergie erneut deutlich steigen und für Reaktionen sorgen. Reaktionen, die Menschen dazu veranlassen, ihre Nächsten in einem veränderten Licht zu betrachten. Im Anschluss weitet sich diese bewusstere Wahrnehmung der anderen Menschen auf alle Erdteile aus, und Menschen werden mehr und mehr beginnen, das heutige System in Frage zu stellen. Es werden Ungereimtheiten zu Tage treten und neue Persönlichkeiten an die Spitze verschiedener Staaten kommen und dem Kampf gegeneinander ein Ende bereiten. Diese neuen Persönlichkeiten tragen bereits ein verändertes Bewusstsein in sich und werden beginnen, die Machtstrukturen in ihren Ländern zu verändern – gemäßigte Führer, die den Konsens suchen und immer mehr die Zusammenarbeit in den Vordergrund stellen. Unterstützt diese Leute, denn sie brauchen eure Hilfe!

Auf der Erde finden derzeit viele interessante Entwicklungen statt. Einerseits entwickelt sich in den Köpfen vieler Menschen ein Bewusstsein, das die Abkehr von der Leistungsgesellschaft fordert, und andererseits entwickelt sich ein neues Bewusstsein für die Natur, denn beides steht unmittelbar miteinander in Verbindung. Wenn es die Leistungsgesellschaft in dieser Form nicht mehr gibt und keiner mehr nach Geld verlangt, dann wird der Gewinner die Natur sein. Alles, was die Menschen bisher bewogen hat, war mit Geld in Verbindung zu bringen, und wenn das aufhört, dann werdet ihr viel mehr Zeit und Wertschätzung für die Natur aufbringen – zum Wohle des gesamten Planeten mit allen seinen Bewohnern. Freut euch darauf, denn das Leben auf Erden bekommt eine völlig neue Dimension – die Dimension der Einheit mit allen und allem. Diese Einheit wird es euch ermöglichen, die ganze Pracht und Herrlichkeit der göttlichen Schöpfung zu erleben.

Seid gegrüßt, ihr Abbilder Gottes, segnet diese Stunde, in der ihr mehr erfahrt über die Zukunft, die euch erwartet! Die Welt verändert sich langsam und ständig – so entwickelt sich das Bewusstsein des Menschen allmählich auf den Punkt zu, wo es mehr und mehr versteht, dass der Mensch in seiner vielfältigen Ausprägung von Gott abstammt, sein Ebenbild darstellt und in jeder Hinsicht Eins ist – eine Einheit aus allen Menschen, und eins mit allen Tieren, der gesamten Natur, dem Planeten Erde und dem ganzen Universum. Diese Einheit bildet die Basis aller Überlegungen für die Gestaltung der Zukunft. Das hat weitreichende Folgen, denn der Mensch wird viele seiner Einschränkungen nicht mehr dulden und auf seinem Recht bestehen, ein freies Leben zu führen, das von keinerlei gesellschaftlichen Zwängen eingeschränkt wird. Er wird sich auflehnen gegen die Mächtigen und die Reichen, die diese Welt unterdrücken. Diese Auflehnung wird friedlich geschehen und zur Folge haben, dass die Macht im Land gerecht auf alle aufgeteilt wird. Neue Volksvertreter – ein Rat der Weisen – werden die derzeitige Regierungsform ablösen, und dieser Rat wird die höchsten Gesetze zum Schutz der Menschheit und der Natur in allen seinen Entscheidungen verkörpern. Ihr könnt euch darauf freuen, dass ihr nie wieder gegen euren Willen zu etwas verpflichtet werden könnt. Genießt diese Zeit und bereitet euch darauf vor, denn der Zeitpunkt naht mit großen Schritten. Bereits 2012 wird die Menschheit im neuen Bewusstsein ihr Leben gänzlich zu überdenken beginnen.

Der heutige Tag ist einer von denen, an dem wieder ein Stein im Mosaik zur Vervollständigung des Gesamtbildes eingesetzt wird. Es ist der Stein der Weisheit, um den das ganze Spektrum des menschlichen Zusammenlebens erweitert wird. Die Weisheit aus früheren Inkarnationen hält Einzug in das Wissen der Menschheit. Diese Weisheit wird euch nach und nach zugänglich werden und ihr könnt euch darauf freuen, dass ihr mehr denn je die komplexen Zusammenhänge des Lebens durchschauen können werdet. Euch wird es leichter fallen, einen Weg für ein glückliches Leben ganz nach dem Plan, den ihr vor eurer Geburt erstellt habt, zu führen. Die Erfahrungen aus der Zeit der Getrenntheit werden euch zur Verfügung stehen und in das Zeitalter der Einheit begleiten. Auf diesen Informationen aufbauend, könnt ihr ein Leben führen, das von Liebe und Verständnis für alle anderen und für die Natur geprägt ist. Seid gegrüßt in der Welt der Einheit mit Gott und allen Wesen dieses Universums.

Wenn die Welt ihren Schleier der Getrenntheit abgelegt hat, dann beginnt sich die Gesellschaft zu verändern. Vorzeichen sind bereits zu erkennen, denn zuallererst ändert sich die Einstellung aller zum Geld und zur Macht. Ein aufgeheiztes und schon lange überzogenes Finanzsystem kollabiert und bringt die Finanzmärkte und die Tätigkeit der Banken zum Stillstand. Mit großem Einsatz werden die Staatsoberhäupter aller Länder versuchen, das System zu stabilisieren, doch es wird sich nicht mehr auffangen lassen. Große Angst und Verzweiflung wird sich bei den Menschen breit machen, die bisher durch die Anhäufung von Vermögen ihre Macht abgesichert haben. Ihnen droht der völlige Machtverlust, und es entsteht eine neue Machtstruktur, die direkt auf alle Mitglieder einer lokalen Gesellschaft verteilt wird. Diese Gesellschaft wird prompt damit reagieren, dass sie wählt, künftig kein Finanzsystem mehr aufzubauen und dadurch der Bewertung über das Geld oder sonstige materielle Werte zu entkommen.

Eure Welt verändert sich grundlegend! Es ist ein Prozess der Veränderung, der in dieser Form noch nie auf dieser Erde stattgefunden hat. Ein Ereignis, das im Universum nur ganz selten vorkommt, und daher wird ein großes Fest veranstaltet. Es kommen alle zusammen, um den Aufstieg der Menschheit in die 5. Dimension zu feiern – die Erzengel, die Aufgestiegenen Meister, alle Engel und alle Seelen, die zwischenzeitlich in der Ebene zwischen den Welten warten, um den nächsten Inkarnationseinsatz zu absolvieren. Alle zusammen werden euch begleiten und dabei sein, wenn ihr den großen Schritt zur Weitung eures Bewusstseins macht und dadurch eine völlig neue Sicht eures Daseins erlangt. Dieser Prozess wird ein sehr schöner für euch alle, denn ihr werdet immer mehr von eurer Überzeugung heraus die Dinge von euch weisen, die noch auf der Basis der Getrenntheit entstanden sind, und ihr werdet zusehends mehr Wert darauf legen, dass alle Aktivitäten aus der Sicht der Einheit entstehen. Dieser Wandel ist bereits im Gange und er beschleunigt sich sichtlich. Je näher das Datum 21. 12. 2012 rückt, umso mehr werdet ihr es bereits spüren – ihr seid eine Einheit, und ihr seid alle zusammen die Herrlichkeit selbst, und ihr werdet wissen, dass ihr ab sofort in der Lage seid, gemeinsam die Herrlichkeit weiter auszubauen, denn ihr erkennt euer Schöpferpotenzial und werdet dieses zum Wohle eurer Spezies und zum Wohle eures Planeten einsetzen. Diese Freude, die wir hier verspüren, wenn wir die Veränderungen auf eurem Planeten beobachten, diese Freude wird auch in euch Einzug halten und ihr werdet ein sehr glückliches Dasein führen.

Geliebte Menschenkinder – auf euch kommt eine große Umbruchs-phase zu. Ihr werdet euren Planeten in kurzer Zeit nicht wiederer-kennen, denn so groß wird die Umwälzung eures Daseins sein. Ihr könnt euch heute von den Auswirkungen eures Aufstiegs in die 5. Dimension noch keine Vorstellung machen. Euch steht eine Phase der Veränderung bevor, die euch noch nie dagewesene Möglichkei-ten eröffnet und euch in ein neues Zeitalter der Menschheit aufbre-chen lässt. Freut euch auf diese Phase der Umstellung, denn sie wird eure ganze Liebe und Kreativität in euch wecken, und ihr werdet darauf sehr erfreut reagieren. Eine Welt eröffnet sich den Menschen, die von eurer Warte aus gesehen dem Paradies gleicht. Ihr werdet über eine Vielfalt an technischen Errungenschaften verfügen, die euch das Leben sehr viel einfacher gestalten wird, und ihr werdet in einem Umfeld leben, das euch Möglichkeiten zum persönlichen Wachstum bietet, von dem ihr bislang nur geträumt habt. Ihr wer-det dies dermaßen positiv empfinden, dass ihr es kaum erwarten könntet, wenn ihr dies alles bereits heute sehen könntet! Ich begleite euch und bin jederzeit für euch da!

Das neue Leben – ein junges Pflänzchen

Nachdem die Bewusstseinsausweitung in der Menschheit erfolgt ist, werden in allen Bereichen des Lebens völlig neue Regeln gelten. Alle Regeln entsprechen Naturgesetzen, und alles ist zurückzuführen auf die Einheit aller mit allem. Diese Übergangsphase wird nicht ganz reibungslos vonstattengehen. Der Grund dafür ist der letzte Versuch der Mächtigen und Reichen, an den Errungenschaften und Privilegien der alten Zeit festzuhalten. Sehr bald jedoch werden auch diese Menschen verstehen, dass es an der Zeit ist, loszulassen und den Dingen freien Lauf zu lassen. Sie werden aufgeben und ihre Macht den anderen übertragen – der Gemeinschaft.

Frage: Was ist unter „nicht ganz reibungslos" zu verstehen – worauf sollten sich die Menschen einstellen?

In erster Linie wird einmal das Finanzsystem kollabieren, und die Reichen haben Angst um ihre Schätze und fürchten den Totalverlust ihres Kapitals. Das könnte bedeuten, dass sie unmittelbar vor dem Finanzkollaps alle möglichen sinnvollen und unsinnigen Dinge kaufen und dadurch das System weiter anheizen. Sie sorgen dadurch erst recht für den Zusammenbruch.

Dann, wenn alle festgestellt haben, dass die Entwertung des Geldes immer weiter und unaufhörlich voranschreitet, werden sie erkennen, dass es für eine Rettung des Systems zu spät ist, und das gesamte Leben kommt vorübergehend zum Stillstand. Stillstand in dem Sinne, dass niemand mehr zur Arbeit geht, denn das Geld, das er dafür bekommt, ist ja nichts mehr wert.

Kurzfristig könnte dies Unruhen hervorrufen, denn die Menschen fürchten um ihre Existenz und beginnen, Lebensmittel zu hamstern. Plünderungen sind nicht ganz ausgeschlossen, das hängt vom allgemeinen Entwicklungsstand der Gesellschaft ab.

Diese Phase wird nur kurz andauern, denn bald werden die neuen, gemäßigten Kräfte, die das Wohl der Gemeinschaft als oberstes Ziel verfolgen, hervortreten und der Bevölkerung verkünden, dass es Zeit ist, eine neue Gesellschaftsform ohne Geld zu gründen, und dass jeder die gleichen Rechte hat. Diese Gesellschaftsform wird sich langsam mehr und mehr entwickeln, und die Menschen werden wieder zur Arbeit gehen, jedoch nur zu der Art von Arbeit, die der Gemeinschaft dienlich ist. Finanzverwaltungen, Banken, Buchhalter etc. werden sich eine andere Aufgabe suchen und ebenfalls zum Gemeinwohl beitragen. Sehr schnell entsteht eine neue Art der Versorgung mit Lebensmitteln, und die Produktion funktioniert wieder, jedoch ganz ohne Geld und sonstige Arten von Entschädigung – alles nur freiwillig. Jeder tut das, was er am besten kann und was ihm am meisten Spaß macht und wovon er glaubt, dass es der Allgemeinheit am meisten dienlich ist.

Frage: Was heißt „die Reichen werden die Macht der Gemeinschaft übertragen"? Was geschieht mit deren Vermögenswerten, z.B. mit ihren Immobilien usw.?

Es bedeutet, dass die Leute verstehen, dass es jetzt auch für sie an der Zeit ist, sich einzugestehen, dass andere Werte in den Vordergrund treten müssen, um dem Kollektiv behilflich zu sein, sich neu zu formen und zu versorgen. Lokale Tätigkeiten genießen oberste Priorität gegenüber nationalen und internationalen Angelegenheiten. Jetzt geht es zuerst darum, die Versorgung wiederherzustellen. Dies wird rasch gelingen, und dann kann man den Fokus wieder weiträumiger halten.

Alle Werte, z. B. in Form von Immobilien, fallen der Gemeinschaft zu – vorerst der lokalen Gemeinschaft in einem Dorf oder einer Stadt – und werden in Folge zentral verwaltet. Vorläufig wird niemand Zugriff nehmen auf die neu gewonnenen Werte an Immobilien, Gerätschaften, Maschinen usw., so lange bis sich eine neue zentrale Verteilungsorganisation gebildet hat, und dann wird entschieden, wofür die einzelnen Teile verwendet werden. Auf jeden Fall sind sie für die Gemeinschaft zu verwenden und kein Einzelner wird sich daran bedienen.

Frage: Und das werden die Menschen akzeptieren? Wird es da nicht einige geben, die glauben, dass sie jetzt den großen Coup landen können, und wenn das so ist, wie geht die Gemeinschaft mit diesen Menschen um?

Die Menschen werden anfänglich glauben, dass es solche Menschen gibt, weil sie das von ihrer Vergangenheit her kennen, doch wird das Bewusstsein aller auf einem Niveau angelangt sein, das solche Übergriffe nicht mehr zulässt. Und selbst wenn Einzelne noch nicht ganz realisiert haben, dass eine neue Epoche angebrochen ist, wird die Mehrheit der Menschen umgehend auf diese verirrten Seelen Einfluss nehmen und ihnen klarmachen, dass dies niemandem dienlich ist, und ihnen selbst schon gar nicht.

Politik

In der Politik werden die „Landesfürsten" ihres Amtes enthoben und ein Weisenrat tritt an deren Stelle – ausgestattet mit dem höchsten Bewusstsein und dem obersten Ziel des Wohls der Gemeinschaft und der Natur. Diese Weisen werden vom Volk gewählt und müssen sich jedes Jahr in ihrer Funktion bestätigen lassen. Dieses Gremium besteht aus erfahrenen Spezialisten aus den unterschiedlichsten Bereichen, die aufgrund ihres Fachwissens anerkannte Persönlichkeiten sind. Unterstützend für diese Fachspezialisten wird es einen

Moderator geben, der das Gremium untereinander koordiniert und dafür sorgt, dass alle Entscheidungen im Einklang mit den höchsten Gesetzen getroffen werden. Auf diese Art werden vorübergehend ganze Länder regiert und neue Strukturen geschaffen.

Im kleineren Rahmen wird es solche Weisenräte auch in den Regionen geben – dort wird entschieden, was mit den lokalen Ressourcen geschehen soll: welchen Teil die lokale Bevölkerung benötigt und welcher Teil in andere Regionen geliefert werden kann, um dort mögliche Mängel in den Beständen auszugleichen.

Diese Weisenräte werden auch lokal gewählt und bestehen aus überlegten Persönlichkeiten, die ein gutes Gespür für den tatsächlichen Bedarf der lokalen Bevölkerung besitzen. Hier werden nicht nur Lebensmittel organisiert und verteilt – hier geht es auch um die Verteilung und mögliche Neuerrichtung von Gebäuden zu Wohnzwecken einerseits und zur Versorgung und Unterhaltung der Gemeinschaft andererseits.

Frage: Das bedeutet, dass dem Weisenrat die Macht übertragen wird, über die Verteilung der Nahrungsmittel und Verwendung/Zuteilung sonstiger Einrichtungen, wie z.B. von Immobilien, zu entscheiden. Wie kann der Weisenrat seine Entscheidungen exekutieren, damit diese auch wirklich Anerkennung finden und alle danach handeln?

Zu Beginn kann der Weisenrat die Polizei als Unterstützung zur Ausführung seiner Entscheidungen heranziehen – dies wird jedoch nicht nötig sein, denn alle Menschen tragen ein friedliebendes, neues Bewusstsein in sich und vertrauen darauf, dass der Weisenrat nur das Allerbeste für alle beabsichtigt. Sollte jemand mit einer Entscheidung des Rates nicht zufrieden sein, so hat er die Möglichkeit, sich öffentlich dazu zu äußern. Solche Anhörungen wird es laufend geben, und die Entscheidungen werden nötigenfalls gerne korrigiert, denn sie sollen allen dienlich sein, und wenn das eine gewisse Gruppe der Bevölkerung benachteiligt, dann wird für Ausgleich gesorgt. Das ist die Besonderheit der neuen Form des Zusammenlebens, denn es geht jetzt nicht mehr um den Vorteil eines Einzelnen, sondern um das Wohl aller. Sollte es für Einzelne notwendig sein, zum Wohl der Gemeinschaft vorübergehend etwas zurückstecken zu müssen, so werden sie dies gerne akzeptieren.

Frage: Was geschieht mit dem Militär und der Landesverteidigung?

Die Streitkräfte werden in der Übergangsphase eine wichtige Rolle spielen – nicht um die Macht an sich zu reißen, sondern um für Ruhe und Ordnung zu sorgen, damit die Neuformung der Gesellschaft möglich wird. Nach und nach wird sich das Militär auf eine neue Rolle einstellen, die darin besteht, im Falle von Katastrophen als schnelle Hilfstruppe zur Verfügung zu stehen.

Frage: Wird die Menschheit sich wieder bekriegen? Gibt es einen 3. Weltkrieg?

Das neue Bewusstsein der Menschheit trägt den Gedanken der Einheit aller und mit Gott in sich und niemand wird Interesse daran haben, seinem Abbild Schaden zuzufügen. Nachdem es kein Geld mehr gibt und auch keine anderen Werte, wie z.B. Gold oder Edelsteine als Zahlungsmittel, gibt es auch keinen Grund, ein anderes Land zu überfallen und dessen Reichtümer zu plündern. Und selbst wenn es vorkommen sollte, so wird das überfallene Land keinen Widerstand leisten, denn es wird gerne seinen Abbildern Lebensmittel und Unterkunft gewähren, denn mit der Zeit wird das Nationalitäten-Denken aufhören und die Weltgemeinschaft wird sich formen. Eine zentrale Weltregierung wird entstehen, die über die Bodenschätze entscheidet, wie und wo sie abgebaut werden dürfen und bis wann Alternativen entwickelt werden müssen, denn die Natur wird als heiligstes Gut unter Schutz gestellt. Nur solange die Bodenschätze unbedingt vonnöten sind, werden sie noch abgebaut.

Frage: Wegen Erdöl wurden aufgrund seiner begrenzten Verfügbarkeit und seiner Konzentration auf wenige Bereiche der Erde bereits unzählige Kriege geführt. Wie wird damit umgegangen – wer wird die Macht über das Erdöl bekommen, und wie wird entschieden, wer wieviel davon bekommt?

Das Erdöl ist einer der Bodenschätze, die möglichst schnell durch Alternativen ersetzt werden müssen. Vorübergehend wird noch ein größerer Bedarf vorhanden sein, der jedoch sehr schnell abnimmt, denn die neuen Technologien werden sehr rasch zur Anwendung kommen, und durch die massive Veränderung der Weltwirtschaft wird sehr viel weniger gereist und sehr viel weniger sinnlos transportiert. Dadurch sinkt der Verbrauch sofort dramatisch, und die Lagerbestände in den einzelnen Ländern überdauern eine sehr lange Zeit, und bis dahin können bereits Alternativen hergestellt werden. Die weitere Ausbeutung wird in viel geringeren Mengen erfolgen, und dadurch verliert das Erdöl sehr schnell seinen Wert und nachdem es dafür kein Geld gibt, wird das Interesse daran sehr schnell abnehmen.

Frage: Was geschieht mit den sonstigen Zahlungsmitteln, wie z.B. Gold oder Diamanten etc.?

Gold ist ein Edelmetall und wird für bestimmte industrielle Anwendungen gebraucht – die Vorräte auf der Erde sind dermaßen groß, dass es wahrscheinlich für die Ewigkeit reichen wird. Man wird das Gold nach wie vor ehren und seinen Wert nicht in Form von Kaufkraft und Macht bewerten, sondern vielmehr als das, was es ist: ein Edelmetall, das für gewisse Anwendungen der Allgemeinheit dienlich ist. Auf gar keinen Fall ist es ein Zahlungsmittel, denn es gibt keine Zahlungsmittel mehr, denn alles gehört der Gemeinschaft – nichts gehört einem Einzelnen!

Mit Edelsteinen verhält es sich ähnlich – für industrielle Anwendungen werden sie vereinzelt benötigt – doch auch hier sind die

Bestände weltweit so groß, dass es keinen Bedarf mehr gibt, sie abzubauen. In Bezug auf ihren früheren Wert verhält es sich wie mit dem Gold, und ebenso mit allen anderen früheren Wertgegenständen.

Edelsteine dienten seit jeher als Schmucksteine, doch auch dafür werden sie nicht mehr verwendet, denn die Menschen werden die wahre Aufgabe der Edelsteine erkennen, die Kristalle verschiedenster Art ehren, ihre heilsame Energie zusehends entdecken und für das Gemeinwohl einsetzen. Das Thema Kristalle werden wir später noch genauer erörtern.

Frage: Werden unsere Gesetze noch weiter inkraft bleiben, oder gibt es neue Gesetze, die vom Weisenrat beschlossen werden?

Die alten Gesetze werden vollständig aufgehoben. An deren Stelle treten neue Gesetze, die im nächsten Kapitel genauer beschrieben werden.

Frage: Was geschieht mit Menschen, die sich entgegen den gesellschaftlichen Regeln verhalten, und was machen wir mit all den Verbrechern, die in unseren Gefängnissen sitzen?

Das Bewusstsein der Menschen hindert sie mehr und mehr daran, sich gegenseitig etwas anzutun. Gewaltverbrechen wie in der Vergangenheit wird es nicht mehr geben, denn jeder ist sich seiner Einheit mit dem Anderen bewusst. Selbst Massenmörder werden in ihrem Bewusstsein geweitet und erfahren eine völlig neue Sicht ihrer Existenz. Diejenigen, die aufgrund von Eigentumsdelikten oder Wirtschaftsverbrechen im Gefängnis sitzen, werden freigelassen und in die Gesellschaft integriert. Alle Verbrechen der Vergangenheit werden verziehen und rückblickend als notwendige Erfahrung eingestuft, die die Bewusstseinsebene der 3. Dimension hervorgebracht hat, und als solche nicht weiter beachtet.

Geisteskranke Verbrecher, die aufgrund ihrer Fehlfunktion im Gehirn eine Gefahr für Leib und Leben darstellen, werden weiterhin aus der Gemeinschaft ausgeschlossen bleiben. Der Unterschied besteht jedoch darin, dass diese Menschen durchaus auch als Abbild Gottes in einer etwas eigenwilligen Ausprägung gesehen und dadurch ebenfalls zur Einheit dazugezählt werden. Dadurch werden diese Menschen auch ganz anders behandelt und ihnen wird ein würdevolles Leben ermöglicht – mit dem Ziel, ihre Krankheit zu heilen und sie wieder in die Gemeinschaft einzugliedern. Durch den liebevollen Umgang mit diesen Menschen werden sich auch diese trotz ihrer Krankheit zusehends mäßigen.

Freizeit / Unterhaltung

Alle Errungenschaften der Vergangenheit wird es in unterschiedlicher Erscheinungsform wieder geben – das heißt, dass jeder seinen gewohnten freudigen Freizeitaktivitäten nachgehen wird und Plätze und Einrichtungen als Treffpunkte für Gespräche und Spaß wieder vorhanden sein werden. Die einzige Änderung liegt darin, dass das Augenmerk darauf gerichtet wird, dass die Einheit aller mit allem gewahrt bleibt sowie alle Naturgesetze Berücksichtigung finden.

Frage: Das heißt, wir können uns alle wieder im Kaffeehaus treffen, zusammen ins Kino gehen, uns zum Abendessen im italienischen Restaurant verabreden, ohne dafür zu bezahlen?

Ja, richtig, genauso wird es sein, denn Zahlungsmittel gibt es keine mehr, und es wird unzählige Menschen geben, die Freude daran haben, andere zu bewirten und für sie zu kochen. Eine freiwillige Tätigkeit, der viele sehr gerne nachgehen werden. Auch die Unterhaltungsindustrie wird unverändert tätig sein, lediglich die Inhalte der Filme und Spiele werden überdacht werden. Gewaltszenen und dergleichen werden nach und nach verschwinden, denn Gewalt wird es keine mehr geben.

Arbeit

Das tägliche Leben wird sich in seinem Ablauf grundlegend verändern. Die Arbeit, der wir bisher nachgekommen sind, wird es in ähnlicher Form wieder geben – es entfallen jedoch die unnötig gewordenen Verwaltungstätigkeiten, denn es gibt keine Finanzverwaltungen mehr, an die Unmengen von Berichten und Steuergeldern abzuführen sind. Auch wird es für die tägliche Arbeit kein Geld mehr als Entschädigung geben – jeder wird seine Arbeit aus freien Stücken heraus gerne machen, und die Rolle der Unternehmer erhält einen völlig neuen Stellenwert.

Der Unternehmer hat nicht mehr die Aufgabe, ein Produkt herzustellen oder eine Dienstleistung zu erbringen, um damit Geld zu verdienen – seine neue Rolle ändert zwar wenig an seiner eigentlichen Arbeit, der Unterschied liegt jedoch darin, dass er künftig als Motivator fungiert, um Menschen davon zu überzeugen, dass sie mit ihm eine Vision zum Leben erwecken. Er kann die Menschen nicht mehr mit guter Bezahlung locken – er wird mehr bieten müssen, um dafür zu sorgen, dass er Menschen als Helfer für sein Projekt gewinnen kann. Das Geld hat ausgedient – auch andere materielle Werte als Belohnung oder Entschädigung werden keine Anwendung finden – es geht nur noch um den Dienst an der Gemeinschaft und an der Umwelt. Das ist die einzige Motivation, die die Menschen bewegen wird. Je größer der Nutzen des Projekts für die Gemeinschaft ist, um so eher wird ein Unternehmer Menschen dafür gewinnen können.

Frage: Werden die Menschen überhaupt die Lust verspüren, etwas zu arbeiten, ohne dafür eine Gegenleistung zu erhalten?

Ja, selbstverständlich werden die Menschen einer Arbeit nachgehen, denn der Mensch braucht eine Tätigkeit, um sich selbst als wertvoll zu erachten. Ändern wird sich jedoch die Anzahl der Stunden, die der Einzelne in der Arbeit verbringt. Sehr viel weniger Stunden werden geleistet werden, denn es sind ja ohnedies genug Menschen da, um mitzuhelfen. Wenn man bedenkt, dass bisher ein Großteil der Menschheit mit Verwaltungstätigkeiten befasst war, so wird dies eine Revolution der Betriebe nach sich ziehen. Eine Revolution, in der jeder das tut, was er gerne tut, und jeder sofort die Hilfe erhält, die er benötigt. Und selbst wenn er im Augenblick keine Lust zu arbeiten verspürt, so wird dies akzeptiert und er darin unterstützt werden, sich geistig weiterzuentwickeln. Wenn er dann wieder die Lust verspürt, durch Arbeit an der Gemeinschaft teilzunehmen, wird er überall herzlich willkommen geheißen.

Frage: Wenn ich mir unsere heutige Jugend ansehe, so ist häufig zu beobachten, dass viele von ihnen wenig bis gar kein Interesse daran haben, sich darum zu bemühen, dass es in ihrem Zuhause und auf den Straßen sauber aussieht. Unsere Gesellschaft hat vor vielen Jahren soge-nannte Gastarbeiter in unser Land eingeladen, damit jemand die nie-deren Arbeiten verrichtet. Wer wird sich künftig z.B. um die Reinigung der öffentlichen Flächen und Institutionen kümmern oder die körper-lich anstrengenden Arbeiten verrichten – heute tun dies zumeist die bil-ligen Arbeitskräfte aus dem Ausland bzw. diejenigen, die über wenig Bildung verfügen?

Die „niederen" Arbeiten wurden von euch erfunden, denn es gibt keine Arbeit, die der Gemeinschaft nicht dienlich ist, sofern sie aus diesem Grund verrichtet wird. Die Wertung in *nieder* und *höher* habt ihr eingeführt. Es ist ebenso wichtig, dass jemand in einem Labor Forschungsarbeit verrichtet, wie es jemanden geben muss, der dafür sorgt, dass in diesem Labor sterile Verhältnisse vorherrschen, denn ohne Sauberkeit könnte die Forschung in der Form stattfin-den. Es liegt an euch, zu entscheiden, ob die Schaffung der Vorausset-zungen oder die Forschung von größerem Wert ist. Ich sage euch, dass es keinen Unterschied gibt, denn das Eine wäre ohne das Andere nicht möglich, somit gibt es keine Wertung mehr. Ihr werdet aufhören, zu bewerten und zu beurteilen, denn es macht keinen Unterschied, und es wird genügend Menschen geben, die gerne dafür sorgen, dass die Straßen sauber sind, denn es ist ihnen einfach ein großes Anliegen. Bis heute habt ihr euch immer auf die Stadtverwaltung verlassen, um saubere Straßen zu haben – künftig werden sich Menschen mit einem ausgeprägten Sauberkeitssinn selbst organisieren und dafür sorgen, dass ihre Straße sauber ist.

Frage: Wenn so viele Menschen, die derzeit Verwaltungsarbeiten erledigen, dann keinen Job mehr haben, was werden die vielen Arbeitslosen den ganzen Tag so machen?

Es wird zu Beginn für viele eine Umstellung bedeuten, und die Erkenntnis, dass sie bisher Arbeiten verrichtet haben, die jetzt keiner mehr braucht, wird so manchen vielleicht etwas traurig stimmen. Doch das Potenzial dieser Menschen ist unsagbar groß, und sehr bald werden diese Menschen eine Gelegenheit finden, um ihre Fähigkeiten gezielt für das Wohl der Gemeinschaft einzusetzen. Jeder findet seine Aufgabe, wo er nützlich sein kann, und etwas mehr Freizeit wolltet ihr ja ohnedies immer schon haben!

Familie

Die Familienstrukturen werden sich verändern – die klassische Struktur der Familie, wo Vater und Mutter Kinder bekommen und diese alleine aufziehen und dafür sorgen, dass sie wohlgenährt und behütet sind, wird es in dieser Form auch nicht mehr geben. An ihre Stelle tritt die Gemeinschaft – Kinder, die zur Welt kommen, werden in der Gemeinschaft gefeiert, und alle kümmern sich um die Neuankömmlinge. Die Eltern haben zwar stets die Möglichkeit, bei ihren Kindern zu sein, doch Anspruch auf Eigentum gibt es keines mehr, denn nichts wird jemals irgend jemandem gehören – alles gehört der Gemeinschaft, auch die Kinder.

Frage: Soll das heißen, dass die Kinder nicht mehr bei den Eltern wohnen?

Das Thema Wohnen wird sich nach und nach völlig verändern. Die Generationen werden wieder unter einem Dach leben, und nicht nur verschiedene Generationen einer Familie, sondern größere Gemeinschaften werden sich bilden, die füreinander da sind. Selbstverständlich hat jeder seine individuelle Möglichkeit, sich zurückzuziehen und für sich alleine zu sein, doch die Wohnstätten in der jetzigen Form haben mittelfristig ausgedient. Die Menschen werden sich individuell zusammenschließen und ihre Wohnungen und Häuser so umgestalten, wie sie es sich als Gemeinschaft wünschen. Der Phantasie sind da keine Grenzen gesetzt, und alles lässt sich verwirklichen. Die Kinder werden natürlich bei den Eltern sein können, doch es ist nicht mehr so, dass das Kind Eigentum der Eltern ist – es wird von der Gemeinschaft aufgezogen und ist vom ersten Tag an gleichberechtigtes Mitglied dieser Gemeinschaft und die Eltern haben keinen Besitzanspruch auf sie im klassischen Sinne wie bisher. Sehr gerne werden die Eltern die Kinder auch an die Gemeinschaft übergeben, und es werden sich schnell Menschen finden, die ihre Aufgabe in der Erziehung und Versorgung der Kinder sehen.

Frage: Wem werden die Häuser und Wohnungen gehören, in denen wir heute wohnen? Wie werden Mietwohnungen bezahlt? Was ist mit unserer Restschuld auf unsere Immobilien bei der Bank?

Die Wohnungen, die ihr derzeit bewohnt, die könnt ihr auch behalten und weiter nutzen – Miete zahlen werdet ihr jedoch keine – es wird auch keine Gegenleistung von euch verlangt werden. Im Laufe der Zeit werden einzelne Gruppen für sich und ihre neue Wohngemeinschaft die passende Immobilie ausfindig machen wollen und diese entsprechend den Bedürfnissen der neuen Großfamilie umgestalten. Eigentum im klassischen Sinn wird es nicht mehr geben –

auch keine Restschulden sind zu begleichen, denn es gehört alles allen. Die Vergabe der Immobilien an die jeweiligen Bewohner wird vom lokalen Rat bestimmt, doch kann niemand gezwungen werden, aus seiner derzeitigen Wohnung oder seinem Haus auszuziehen oder jemanden bei sich aufzunehmen. Alles geschieht auf freiwilliger Basis und dem vollen Respekt gegenüber dem Nächsten. Alles wird sich ergeben. Es werden unzählige bislang gewerblich genutzte Räumlichkeiten frei werden, die der Gesellschaft zur Verfügung stehen, und diese werden entsprechend umgestaltet und einer neuen Verwendung zugeführt. Dies wird einige Zeit in Anspruch nehmen, denn der Rat muss erst gebildet und die Struktur muss geschaffen werden, sodass Aufzeichnungen über den Immobilienbestand vorliegen, aufgrund derer die Vergabe erfolgen kann. Meist wird dies ohne größere Diskussion erfolgen, denn die neuen Wohngemeinschaften werden sich auch erst im Laufe der Zeit bilden. Vorerst bleiben die meisten Menschen da, wo sie sind – erst im Laufe einiger Monate wird es zu einer Wanderbewegung kommen.

Frage: Wie funktioniert das mit Neubauten – gibt es da Bauvorschriften, oder kann jeder bauen, wo oder umbauen wie er will?

Die Räumlichkeiten, die derzeit auf der Welt vorhanden sind, reichen für die Menschheit aus – es werden unzählige Büroflächen frei werden, die niemand mehr benötigt – somit gibt es auch keinen Grund mehr, irgendwelche Neubauten zu errichten. Dies ganz besonders deshalb nicht, weil man der Natur keinen weiteren Raum mehr abringen möchte – ganz im Gegenteil – der Natur wird Fläche zurückgegeben.

In Bezug auf die Umbauten und dafür notwendige Vorschriften ist zu sagen, dass natürlich gewisse Sicherheits-Bestimmungen eingehalten werden müssen – Standards dafür gibt es ja ohnedies in den meisten Ländern. Diese entsprechen den gängigen technischen Möglichkeiten und sind vorerst weiterhin anwendbar. Die Menschen, die über das nötige Wissen darüber verfügen, werden bei diesen

Umgestaltungsmaßnahmen sehr gerne behilflich sein. Es bedarf auch keiner Baubehörde mehr, denn das Know How ist vorhanden, und jeder, der darüber verfügt, wird dieses gerne zur Verfügung stellen und sich in die Aktivität einbringen. Die Ausbildung auf diesem Sektor geht weiter vorwärts, und neue technische Erkenntnisse und neue Materialien kommen zum Einsatz.

Kindererziehung / Schule

Das klassische System der Schule erfährt eine großartige Reform. Alle Kinder kommen zusammen und verbringen den ganzen Tag miteinander. Buben und Mädchen aller Altersgruppen lernen gemeinsam und haben spielerisch jede Menge Möglichkeiten, sich auszutoben. Im Laufe der Zeit entscheiden die Kinder selbst, was sie lernen und in welchem Bereich sie sich spezialisieren möchten. Die Eltern sind davon völlig losgelöst und entscheiden selbst, in welchem Maße sie daran teilhaben möchten. Die Erziehung und Ausbildung wird den weisen und älteren Mitgliedern der Gemeinschaft übertragen, denn diese verfügen über das größte Potenzial an Lebenserfahrung und können dadurch den Kindern am meisten beibringen. Nachdem es keine Notwendigkeit mehr gibt, über Kosten nachzudenken, wird der Kindererziehung und Ausbildung ein sehr hoher Stellenwert beigemessen und viele Ressourcen werden dort hineinfließen. Das Ziel ist, eine neue Generation zu schaffen, die von den Erfahrungen der Getrenntheit in der Vergangenheit nicht vorbelastet ist und den nächsten Schritt in der Entwicklung hin zur absoluten Einheit mit Gott vollziehen kann.

Frage: Wird die Erziehung und Ausbildung der Kinder wieder in unseren Schulen wie bisher stattfinden, was wird die Kinder gelehrt und wer entscheidet, ab wann ein Kind an der Ausbildung teilnimmt?

Die Kinder erfahren eine völlig andere Ausbildung als bisher – der klassische Lehrplan wird ersetzt durch ein individuelles System, das auf das einzelne Kind größtmögliche Rücksicht nimmt. Man kann sagen, dass jedes Kind „seinen Lehrplan" bekommt und dass es den großteils selbst bestimmen kann. Die Neigungen und besonderen Fähigkeiten jedes Kindes werden gemeinsam beobachtet und entsprechend gefördert, damit genau die Stärken des heranwachsenden jungen Menschen unterstützt werden, mit denen er zur Welt gekommen ist, damit er diese in der größtmöglichen Ausprägung einsetzen lernt.

Die Räumlichkeiten der derzeitigen Schulen eignen sich nur sehr bedingt für die neue Form des Unterrichts. Es wird sehr viel in freier Natur unterrichtet, und die Kinder werden einen starken Bezug zu Mutter Erde erfahren. Darüber hinaus bekommt jedes Kind eine Vielzahl verschiedener Lehrer, die einerseits ihr Fachwissen vermitteln und andererseits ihre Lebenserfahrung, damit das Kind ein breites Spektrum unterschiedlicher Erfahrungsschätze kennenlernt.

Generell werden die Kinder unterschiedlicher Altersstufen gemeinsam unterrichtet, so lernen die größeren Kinder, auf die kleineren Rücksicht zu nehmen, und die Kleinen haben die größeren als Vorbilder. Der Lerneffekt ist sehr viel größer als bisher, und auf diese Weise wachsen sehr bald große Persönlichkeiten heran, die als erste Generation nur mehr Erfahrungen in der 5. Dimension gemacht haben.

Die Kinder werden die Welt spielerisch erfahren, und eine Benotung, sprich Bewertung ihrer Leistungen, wird es nicht mehr geben. Denn es spielt keine Rolle, ob jemand gut oder schlecht in einem gewissen Fach ist – es spielt nur eine Rolle, dass das Kind die Erfahrungen machen kann, für die es auf diese Welt gekommen ist. Welche das sind, ist von Mensch zu Mensch völlig verschieden, und niemand kann von außen darauf Einfluss nehmen.

Frage: Wer wird unsere Kinder dann unterrichten?

Die Lehrer werden nicht nur aus den bekannten pädagogischen Kräften bestehen, sondern sie werden durch ältere Personen aus der Gesellschaft verstärkt – es wird annähernd so viele Lehrer wie Schüler geben, denn die einen kümmern sich um den Lerninhalt aus der Sicht des Lehrstoffes, und die anderen kümmern sich um die Betreuung, Verpflegung und um die Schulung in den Tugenden des Lebens. Das beginnt bei der richtigen Ernährung, geht über die spirituelle Entwicklung bis hin zum Umgang mit den anderen Menschen und der Natur – ein Ganztagesprogramm für alle. Selbst erkrankte Kinder werden möglichst in den ganzen Ablauf einbezogen, denn sie erfahren Pflege nicht nur durch das Lehrpersonal, sondern auch durch die anderen Kinder und werden dadurch sehr schnell wieder gesund. Dadurch erlernen die Kinder große soziale Fähigkeiten und werden dann, wenn sie erwachsen geworden sind, der neuen Gesellschaft vom Grundverständnis her einen sehr großen Rückhalt geben können.

Ernährung

Die Ernährung der Menschheit erfährt eine völlige Umstellung. Die Ackerflächen werden zum höchsten Gut erklärt und stehen unter dem Schutz des Weisenrates, der entscheidet, was auf welchen Flächen wann angebaut wird. Er sorgt dafür, dass rein biologisch, ohne Verwendung irgendwelcher Chemikalien, produziert wird. Nachdem die Tierzucht ihr Ende gefunden hat, wird sehr viel weniger Ackerfläche benötigt werden, um die Lebensmittel anzubauen, die zur gesunden und reichlichen Ernährung der Gemeinschaft notwendig sind. Ziel ist, die Region völlig unabhängig von anderen Regionen mit allen gewünschten pflanzlichen Nahrungsmitteln versorgen zu können. Dort, wo das klimatisch eventuell nicht möglich ist, werden neue technische Errungenschaften für einen Ausgleich sorgen.

Wie erwähnt, findet die Tierzucht ein Ende – Tiere werden nicht mehr gehalten, um der Ernährung des Menschen zu dienen, denn der Mensch ist sich voll und ganz bewusst, dass er mit der Tierwelt ebenso in Verbindung steht wie mit dem Rest des Universums. Tiere werden durchaus noch nützlich sein, doch sie dienen nicht mehr der Ernährung. Tiere sind lebendige Wesen, die dem Menschen in ihrer Struktur sehr ähnlich sind – das Bewusstsein der Menschen wird dahingehend erweitert, dass sie erkennen, dass Tiere ebenso wie der Mensch beseelte Wesen sind, die von Gott auf diese Erde entsandt wurden, um ein Teil des Kreislaufs des Lebens zu sein.

Die Pflanzen wurden geschaffen, um dem Menschen in vielerlei Hinsicht zu dienen. Natürlich als Nahrung, aber auch damit er sich an ihrer Vielfalt und Schönheit erfreuen kann. Pflanzen dienen als Heilmittel, Pflanzen erzeugen Düfte, Pflanzen haben Blüten und wandeln ihr Aussehen durch die Jahreszeiten und liefern letztendlich durch ihre Früchte wertvolle Lebensmittel höchster Güte mit den unterschiedlichsten Geschmacksrichtungen. Das Bewusstsein über die enorme Bedeutung der Pflanzen für den Fortbestand der Menschheit wird die Menschen veranlassen, sie als höchstes Gut zu schützen. Die Ackerflächen, die ursprünglich zur Erzeugung von Futtermitteln für die Viehzucht gerodet wurden, werden den Wäldern zurückgegeben, und dadurch entsteht über die Zeit ein gesunder und von vielfältigstem Leben strotzender Wald. Die grünen Lungen der Erde kehren zurück.

Frage: Kritiker werden einwenden, dass rein pflanzliche Ernährung den Körper nicht mit ausreichend Nährstoffen und Spurenelementen versorgt. Ernährungsgewohnheiten werden es dem Mensch sehr schwer machen, sich umzustellen. Wie gehen wir mit diesen Kritikern und Gewohnheitstieren um?

Wie schon vorhin erwähnt, wird das Bewusstsein des Menschen das Schlachten eines Tieres zur Gewinnung von Nahrungsmitteln nicht mehr zulassen. Er wird freiwillig darauf verzichten. Die Ernährungswissenschaftler haben der Menschheit aus geschäftlichem Interesse irgendeiner Lobby so manche geschönte und auf deren Interessen abgestimmte Studie vorgelegt, um den Absatz eines gewissen Produkts zu stimulieren. Seit Beginn der Menschheit dienen ihr die Pflanzen als Nahrungsmittel, und durch die Vielfalt an Pflanzen wird der Mensch auch reichlich mit allen notwendigen Nährstoffen und Spurenelementen versorgt. Biologisch angebaute Pflanzen aus gesunden Böden beinhalten alle wichtigen Stoffe im Überfluss.

Frage: Du hast in einer deiner Botschaft, die ich im Vorfeld zu diesem Buch empfangen habe, davon gesprochen, dass wir uns auf ein Leben ohne Krankheiten freuen können. Werden alle Viren und Bakterien dieser Welt uns nichts mehr anhaben können, oder wie ist das zu verstehen?

Die Welt hat viele verschiedene Krankheiten hervorgebracht – viele davon sind vom Menschen selbst erschaffen worden, und weitere brauchen zum Existieren die niedrige Schwingung eurer negativen Gedanken. Die Welt erhöht laufend ihre Schwingungsfrequenz, und dadurch fallen gewisse Krankheiten weg und der Mensch kann daran nicht mehr erkranken. Andere Krankheiten, die auf die Lebensweise der Menschheit zurückzuführen sind, werden aufgrund vieler Veränderungen im täglichen Ablauf und in der Ernährung ebenfalls aussterben, denn der Mensch wird im Allgemeinen sehr viel gesünder sein als bisher. Natürlich wird es immer noch gewisse Krankheiten geben, doch sehr viel weniger als bisher, und man kann von einer sehr gesunden Gesellschaft sprechen, die außerdem neue Heilmethoden entdeckt und diese erfolgreich einsetzt. Nachdem es keine gewinnorientierte Medizin mehr gibt, werden auch schon vor Jahren entdeckte Heilmethoden Anwendung finden und keine Berufsgruppe aus wirtschaftlichen Gründen künstlich am Leben erhalten.

Frage: Wird es so dramatische Krankheiten wie Aids oder Krebs weiterhin geben?

Beide Krankheiten sind auf negative Energien zurückzuführen, und beide Krankheiten werden durch die Erhöhung der Schwingungsfrequenz des menschlichen Körpers in absehbarer Zeit aussterben. Aids ist eine Krankheit, die der Mensch selbst geschaffen hat, und die negative Energie, die dazu fähig war, wird nicht mehr vorhanden sein. Krebs ist eine Krankheit, die auf jenes Gedankengut der Menschheit zurückzuführen ist, welches viel mit Angst zu tun hat. In Kombination mit falschen Lebensgewohnheiten ist diese Krankheit entstanden – ihr könnt euch darauf freuen, dass Krebs eine sehr seltene Erscheinung werden wird und die Heilungsmethoden weit voranschreiten werden.

Frage: Wie wird das mit der Mobilität funktionieren – wird jeder nach wie vor sein eigenes Auto haben? Dürfen wir unsere noch nicht abbezahlten Fahrzeuge behalten? Wie geht die Entwicklung weiter? Fahren wir alle nur noch mit öffentlichen Verkehrsmitteln?

Die Mobilität erfährt eine Revolution. Vorläufig dürfen alle ihre Fahrzeuge behalten, egal ob sie schon fertig bezahlt sind oder nicht. Sehr schnell wird sich jedoch ein völlig neues Verkehrssystem etablieren, denn die Menschen werden nicht mehr egoistisch alleine in ihren Autos sitzen, sondern jeder wird gerne einen anderen mitnehmen und den dort wieder absetzen, wo er hinwill. Öffentliche Verkehrsmittel wird es nach wie vor geben, diese werden schnell auf umweltfreundliche Antriebstechniken umgestellt, sofern dies noch nicht geschehen ist. Der Individualverkehr, und ganz besonders der Berufsverkehr, nimmt dramatisch ab, denn die Wege zur Arbeit werden nicht mehr so weit sein wie bisher, denn jeder wird sich ganz in der Nähe seines Wohnortes eine Aufgabe suchen und finden. Darüber hinaus weiß jeder, dass der Schutz der Natur oberstes Gebot ist und dass auf Verbrennungsmotoren möglichst verzichtet werden soll.

Der Fortschritt hält Einzug, und es entstehen sehr umweltfreundliche Fahrzeuge, die alle nur einen Zweck haben – den Transport von

A nach B – keine protzigen Limousinen oder Sportwagen, die durch Leistung, mittels derer man sich einen Vorteil verschaffen könnte, glänzen. Es werden Fahrzeuge gebaut, die sehr leicht sind und über einen Antrieb mittels einer erneuerbaren Energie verfügen. Diese Fahrzeuge sind sehr sicher und verfügen über viele elektronische Hilfsmittel, um Unfälle durch menschliches Versagen zu verhindern. Der Verkehr wird zügig ablaufen und völlig stressfrei funktionieren, denn kaum jemand hat noch einen Grund, irgendwohin zu hetzen, denn es hat jeder Verständnis für ein mögliches späteres Erscheinen. Dadurch passieren auch kaum noch Unfälle, und Mobilität wird schnell und sicher sein.

Es wird nicht mehr jeder sein eigenes Auto haben, sondern es wird an jeder Straßenecke mehrere Fahrzeuge geben, die allen jederzeit zur Verfügung stehen, in die man einfach einsteigt und losfährt. Diese werden am Bestimmungsort einfach abgestellt und stehen wieder anderen zur Verfügung, die damit irgendwohin fahren können. Ein System wird die Fahrzeuge zentral überwachen, um mögliche technische Mängel festzustellen und schnell Hilfe zu senden. Es wird Fahrzeuge geben, die für den Transport von Gütern geeignet sind, und andere, die hauptsächlich für den Personentransport in Frage kommen. Die Fahrzeuge werden schnell an anderen Straßenecken auch Leute mitnehmen und diese wieder dort absetzen, wo sie es wünschen. Ein Verkehrssystem, das vom eigenen Auto völlig weggeht und auf Allgemeinheit setzt. Die Fahrzeuge werden nicht mehr versperrt, und jeder wird sie entsprechend pfleglich behandeln. Andere sind wiederum auf Wartung und Reinigung der Fahrzeuge spezialisiert und führen dies mobil durch.

Wenn jemand schwerere Lasten zu transportieren hat, so kann er sich einen entsprechenden Transporter bestellen, der samt Fahrer zur Verfügung steht. Dieser wird zentral koordiniert und möglichst effizient eingesetzt. Auch diese Leistung erfolgt völlig freiwillig und kostenlos.

Zur Überwindung großer Distanzen werden andere Verkehrsmittel herangezogen. Vorerst werden Bahn und Flugzeug noch in der zurzeit verfügbaren Form Anwendung finden – sehr bald wird jedoch ein neues Verkehrsmittel in Erscheinung treten, das völlig neue technische Errungenschaften aufweist.

Frage: Wie ist das mit den Verkehrsregeln, werden diese eine Änderung erfahren oder vielleicht ganz abgeschafft?

Die Verkehrsregeln werden in ihrer bekannten Form als sogenannte ungeschriebene Gesetze weiterexistieren, und eine Missachtung der Gesetze wird nicht geahndet. Das bedeutet nicht, dass sich jeder im Stadtgebiet dem Geschwindigkeitsrausch hingeben wird, denn durch das neue Bewusstsein ist auch das Verantwortungsbewusstsein gegenüber den anderen massiv gestärkt, und jeder wird sich so verhalten, dass er dem anderen keinesfalls Schaden zufügt. Der Verkehr wird dadurch eher vorsichtiger als schneller. Übertretungen der Vorschriften werden nicht geahndet, weil sie nur da vorkommen werden, wo sie gefahrlos auch möglich sind, und das einzuschätzen, sind die Menschen in der Lage. Die Absicherung von Gefahrenstellen wird viel besser als bisher erfolgen, weil sich die Personen, die damit betraut wurden, ihrer vollen Verantwortlichkeit bewusst sind und dadurch mehr als bisher darauf achten, dass hier tatsächlich kein Unglück passieren kann.

Frage: Wenn du von Unglück sprichst, dann kann ich mich erinnern, dass es nach deiner Aussage keine Zufälle gibt, also würde das bedeuten, dass auch Unfälle kein Zufall sind – oder irre ich da?

Nein, du irrst nicht, denn wie du richtig bemerkt hast, gibt es keine Zufälle, und Unfälle dienten bisher der Sammlung von Erfahrungen, die die Betroffenen machen wollten. Das geschah unbewusst und ist für die Menschen heute schwer zu verstehen. In Zukunft wird sich dies ähnlich verhalten, doch die Häufigkeit wird drastisch abnehmen, denn der Mensch ist in seinem Geiste nach vorne orientiert und der lichten Seite zugewandt – seine trüben und dunklen

Gedanken haben sehr häufig Ereignisse dieser Art heraufbeschworen – das wird künftig sehr viel weniger vorkommen und dadurch nehmen diese Ereignisse dramatisch ab. Durch ihre Ängste haben die Menschen sehr viel negative Energie produziert, die sich über solche Ereignisse entladen hat. Künftig wird die Lebenseinstellung der Menschen viel positiver sein als bisher, und dadurch gibt es viel weniger negative Energie, die sich entladen möchte.

Frage: Wird der Verkehr auf den Straßen und in der Luft generell mehr oder weniger?

Prinzipiell, das erwähnte ich ja schon, wird durch die Veränderungen im beruflichen Umfeld sehr viel weniger Berufsverkehr stattfinden, sowie durch die erwähnten Veränderungen im Individualverkehr sehr viel weniger Fahrzeuge auf den Straßen unterwegs sein. Im Luftverkehr verhält es sich ähnlich – der Berufsverkehr wird massiv abnehmen, denn technische Fortschritte in der Kommunikationstechnologie werden persönliche Treffen weitgehend überflüssig machen. Dadurch entfällt der berufliche Flugverkehr zu einem großen Teil. Der private Flugverkehr wird hingegen durchaus ein Thema bleiben und möglicherweise zunehmen, doch durch die Verschiebungen im Berufsverkehr wird der Gesamtverkehr in der Luft deutlich reduziert. Die neue Technologie wird auch den Flugverkehr revolutionieren und die Umweltbelastung dadurch stark reduzieren, – bis dann noch größere technische Fortschritte die Menschheit große Distanzen sehr viel schneller überwinden lassen.

Frage: Wenn dann alles kostenlos ist, müsste das ja auch bedeuten, dass ich zum Flughafen fahren kann und einfach in ein Flugzeug steigen und in die Karibik fliegen, ganz ohne Gepäck und einfach nur so, denn vor Ort wird man sich sowieso um mich kümmern und mir eine Unterkunft zur Verfügung stellen?

Das wird genau so möglich sein, und es wird gar nichts kosten. Doch etwas ist zu bedenken – niemand wird sich darauf verlassen, dass er sowieso von irgend jemandem am Urlaubsort versorgt wird – jeder besitzt das Bewusstsein, dass ihm zwar alles gegeben wird, was er benötigt, um ein glückliches Leben zu führen, doch niemand wird dies unverschämt ausnutzen und sagen: „Seht her, ich bin da und jetzt kümmert euch um mich." Das wäre eine respektlose Darbietung, die ihm liebevoll klargemacht würde. Selbstverständlich kann jeder gerne verreisen, und es wird nach wie vor Hotels wie gewohnt geben, doch rechtzeitig buchen wird man diese trotzdem müssen.

Frage: Wird da nicht jeder permanent auf Urlaub sein?

Ja, natürlich wird jeder zu jeder Zeit in der Lage sein, auf Urlaub zu fahren, um sich die Welt anzusehen. Doch wird die Weitung ihres Bewusstseins, die ja auch ein größeres Verantwortungsbewusstsein bedeutet, die Menschen daran erinnern, dass sie einen Anteil an der Gesellschaft mittragen, der sie zwar nicht zu Tätigkeiten verpflichtet, diese aber dennoch für selbstverständlich hält. Und so wird jeder gerne zumindest einen geringen Beitrag leisten – einmal mehr und einmal weniger – je nach Bedarf und Bedürfnis.

Du sprichst von technischem Fortschritt – kannst du uns einige Beispiele geben, wie wir z.B. vom Erdöl wegkommen und welche Antriebsart wir künftig für unsere Mobilität am Boden und in der Luft verwenden?

Dazu möchte ich nur soviel sagen, dass der Mensch binnen weniger Jahre einen Quantensprung in der Technologie vollziehen wird. Erdöl wird keine Rolle mehr spielen, und Antriebstechniken aus erneuerbaren Energieträgern werden Anwendung finden. Die Techniker sind gefordert, ihre Visionen in die Realität umzusetzen, denn jetzt gibt es keine Hindernisse mehr, die der Forschung einen Riegel vorschieben, und jetzt gibt es keine Hindernisse mehr aufgrund von zu geringem Budget – es gibt nur noch die Freiheit, alles zu erforschen und alles Neue, das bisher wegen seiner Unfinanzierbarkeit beiseitegelegt wurde, in die Tat umzusetzen. Der Energieträger der Zukunft steht bereits heute zur Verfügung – bisher konnte man damit nur noch nicht richtig umgehen und entsprechend kostengünstig produzieren – aufgrund der wegfallenden Kosteneinschränkung und neuer technischer Erkenntnisse wird dies sehr schnell möglich.

Frage: Möchtest du uns mehr verraten, wie dieser Energieträger heißt und welche technische Erkenntnis diesen bereits jetzt für uns nutzbar macht?

Das wäre jetzt zu schön, aus diesem Buch einen Leitfaden für technische Entwicklungen zu machen – die Forscher sollen sich durchaus anstrengen – wir werden ihnen den nötigen Input geben, sodass dies sehr schnell möglich wird. Doch mehr zu diesem Zeitpunkt zu verraten, wäre nicht sehr produktiv, nachdem wir vorerst über die Bildung einer neuen Gesellschaftsform sprechen, die das dann alles realisieren wird. Es wäre ein Vorgriff, der euch zum aktuellen Zeitpunkt nicht dienlich wäre.

Frage: Woher kommen die technischen Entwicklungen plötzlich – warum haben wir Jahrzehnte lang nur klitzekleine Fortschritte erzielt, und jetzt so plötzlich soll alles so rasend schnell gehen?

Die technologische Entwicklung auf der Erde wurde zum Teil durch Eingebung von oben beeinflusst. Wir haben euch Technologien zur Verfügung gestellt, die euch den Fortschritt ermöglicht haben. Euer freier Wille hat euch auch entscheiden lassen, dass ihr die Technologien derart intensiv anwendet, dass dadurch die Schädigung der Umwelt in diesem Ausmaß hervorgerufen wurde. Wir haben euch daraufhin keine weiteren großen Fortschritte mehr machen lassen, damit ihr nicht Gefahr lauft, diese Technik gegen euch selbst einzusetzen und euch damit zu vernichten. Weitere Entwicklungsschritte könnt ihr erst machen, wenn ihr die geistige Reife dafür erworben habt, und die bekommt ihr durch die Weitung eures Bewusstseins durch den Aufstieg in die 5. Dimension.

Frage: Welche Technologien habt ihr uns gegeben, auf die wir nicht auch selbst gekommen wären?

Wir haben euch mit Technologien versorgt, die zuvor Jahrtausende nicht entdeckt wurden. Wir haben euch mit dem Feuer vertraut gemacht, und das schon vor Millionen von Jahren – wir haben euch mit dem Strom versorgt, und das schon vor Jahrhunderten – wir haben euch mit der Zentrifuge bekannt gemacht, die es ermöglicht hat, Stoffe voneinander zu trennen – und das schon vor langen Jahren – wir haben euch die Kernspaltung ermöglicht, die unheimliche Reserven in Form von Elektrizität ermöglicht, ohne die ihr den Fortschritt bis heute nicht hättet gewährleisten können. Dass ihr daraus die Atombombe baut, war durchaus im Rahmen des Möglichen, jedoch nicht beabsichtigt.

Frage: Warum habt ihr uns die Kernspaltung entdecken lassen, wenn wir doch damit die Erde mit Strahlung verseuchen und nicht wissen, wo wir den Jahrtausende lang strahlenden Atommüll lagern sollen?

Die Kernspaltung war in ihrer ursprünglichen Form nicht darauf aus, Material zu spalten, das dermaßen starke Strahlung entwickelt. Es hätte durchaus andere Materialien gegeben, die spaltbar gewesen wären und aus denen man Energie hätte gewinnen können, ohne so viel Strahlung und Müll zu erzeugen. Der Mensch hat wieder einmal die Verantwortung zugunsten des Profits hintangestellt. Dass ihr damit eine Waffe baut, war ebenfalls nicht beabsichtigt. Dies war nur wieder eine Gelegenheit für euch, um die Getrenntheit voneinander in ihrer höchsten Ausprägung zu erfahren.

Frage: Wir sind heute durch die Atombombe in der Lage, uns selbst durch einen einzigen Knopfdruck zu vernichten. War das beabsichtigt?

Die Gefahr besteht, dass diese Waffe zum Ende der Menschheit auf dieser Erde führen könnte. Es wäre ein interessanter Versuch, um festzustellen, ob dies die Menschen tatsächlich aus Gründen der Vergeltung riskieren würden. Doch wir wollen es nicht soweit kommen lassen und erheben das Bewusstsein der Menschen in die nächste Dimension, was so etwas von vornherein ausschließt.

Die Gesellschaft formt sich neu – neue Regeln braucht das Land

Unter neuen Regeln ist zu verstehen, wie das Zusammenleben der Menschen künftig organisiert sein wird. Wie schon erwähnt, wird die Bevölkerung einer Region einen Weisenrat wählen, welcher über die gerechte Verteilung aller erforderlichen Ressourcen bestimmt. Zu klären ist die Frage, ob sich die Menschen an die Regeln halten werden und was ist, wenn nicht? In einer Gemeinschaft wird es immer unterschiedliche Standpunkte geben, denn jeder ist ein Individuum mit seiner individuellen Vorstellung davon, wie sein Leben sein soll. Genau dieses Individuelle gilt es zu wahren, denn wir sind alle hier, damit jeder die Erfahrungen machen kann, die er sich vor seiner Inkarnation gewünscht hat. Und somit lautet die erste Regel ganz eindeutig:

Es kann jeder tun und lassen, was er will!

Das bedeutet, dass jeder selbst entscheidet, ob er arbeitet, was er arbeitet, oder ob er sein ganzes Leben lang studiert, oder ob er eine Zeitlang gar nichts tut, um sich der geistigen oder körperlichen Entwicklung zu widmen. Das bedeutet auch, dass nichts und niemand ihn zu irgendetwas verpflichten kann.

Wenn heute jemand nichts tut, so verdient er kein Geld und kann sich demzufolge auch keine Wohnung und kein Essen leisten. Er liegt also der Allgemeinheit auf der Tasche und muss ausgehalten werden oder er verhungert. Nachdem in der neuen Gesellschaft das Leben die höchste Priorität hat, um der Seele die gewünschte Erfahrung in dieser Inkarnation zu ermöglichen, muss dafür gesorgt sein, dass, wenn jeder das tut, was er tun will, er auch entsprechend mit einem Dach über dem Kopf und allen wichtigen Dingen zum Überleben ausgestattet ist. In der 5. Dimension gibt es das zweite Grundrecht:

Es ist genug für alle da, und jeder hat das gleiche Recht darauf!

Auf freiwilliger Basis werden alle Menschen zusammenhelfen und alle jene Produkte erzeugen, die gewünscht und gebraucht werden, ganz ohne Anspruch auf Entschädigung oder irgendwelche Privilegien. All jene, die dazu nichts beitragen möchten, haben trotzdem das gleiche Recht und brauchen sich für gar nichts zu rechtfertigen. Die Menschheit hatte bisher Statuten für ihr Zusammenleben, die auf Leistung beruhen. Wer viel geleistet hat, der hat auch zumeist viel dafür bekommen – so war die Regel, auch wenn dies in Wahrheit nur selten so gelebt wurde. Diese Regel wird ersatzlos gestrichen. Stattdessen gilt die dritte Regel:

Alles gehört allen!

Es gibt keine Besitzansprüche mehr – alles gehört der Gemeinschaft, und mit Gemeinschaft ist nicht eine lokale Gemeinschaft gemeint, auch nicht die Gemeinschaft einer Nation oder eines Kontinents. Alles gehört der großen Gemeinschaft – der ganzen Welt!

Alle Reichtümer dieser Erde sind uns von Gott gegeben, und nachdem wir alle von Gott abstammen – ein Teil von ihm sind –, darum gehört auch alles allen. Niemand hat das Anrecht, irgendetwas für sich zurückzuhalten – kein Land hat das Recht, irgendetwas einer anderen Nation vorzuenthalten. Alles gehört allen, auch wenn die Regionen unterschiedlich mit den Reichtümern der Natur ausgestattet wurden, hat der Mensch dafür zu sorgen, dass ein Mangel in einer Region aus dem Überschuss in anderen Regionen gedeckt wird.

Wie dieser Ausgleich stattzufinden hat, wird in der vierten Regel erklärt:

Das höchste Gebot ist der Schutz der Natur!

Vorübergehend wird sich der Mensch noch an Bodenschätzen bedienen müssen, so lange bis er Technologien entwickelt hat, um umwelt- und ressourcenschonend Alternativen herzustellen. Der Rat der Weisen wird in diesem Zusammenhang eine sehr bedeutende Rolle spielen, denn er wird entscheiden, welche Rohstoffe wo in welchem Umfang entnommen und wie diese möglichst umweltschonend gewonnen, transportiert und verarbeitet werden. Sparsamkeit ist oberstes Gebot, und jede Ressource, die verbraucht wird, bedarf sofortigen Ersatzes durch die Entwicklung geeigneter umweltschonender Alternativen. Das Ziel ist die schnellstmögliche Einstellung des Verbrauchs dieser Ressource.

Ebenso wichtig wie die Bodenschätze sind die Ressourcen der Ackerböden. Hier wächst und gedeiht die Nahrung aller Menschen. Diese Ackerböden gilt es zu schonen, um ihre Fruchtbarkeit zu erhalten bzw. wieder zu verbessern. Um diese zu schützen, werden die Weisen bestimmen, welche Pflanzen auf welchen Flächen angebaut werden. Diese stützen ihre Entscheidungen auf das Wissen der Spezialisten. Das führt uns zur nächsten, der fünften Regel:

Der höchste Rat hat die Macht zu entscheiden!

Diese Macht der Entscheidung ist jedoch nicht die Macht über irgendetwas oder irgendjemanden, sondern es ist die Macht bzw. die Stärke, aufbauend auf dem Wissen von Experten, im Sinne der Schonung der Ressourcen und der Umwelt zu handeln. Dieser Rat unterliegt natürlich auch den anderen Regeln und hat die anderen Regeln bei seinen Entscheidungen zu verwirklichen.

Um dem Rat der Weisen Entscheidungsgrundlagen zur Verfügung zu stellen, bedarf es zusätzlicher Informationen, die möglicherweise manchmal nicht zur Verfügung stehen oder kurzfristig nicht zu beschaffen sind. Um dieses fehlende Wissen auszugleichen, wird in die Welt des Lichts eine Verbindung hergestellt. Dazu wird für den Rat ein Moderator bestimmt, der als Wächter der höchsten Prinzipien fungiert und die einzelnen Ratsmitglieder bei der Berücksichtigung der obersten Richtlinien im Entscheidungsfindungsprozess unterstützt. Dieser Moderator ist ein Medium, das die Fähigkeit besitzt, mit der Welt des Lichts in Kontakt zu treten und die weißen Engel im Bedarfsfall um Rat zu fragen oder zusätzliche Informationen zu erlangen. Zwischen den Moderatoren der einzelnen Weisenräte weltweit entsteht eine telepathische Verbindung, damit diese untereinander Informationen austauschen und Entscheidungen der anderen Weisenräte zu ähnlichen Themen weiterleiten können. Auf diese Art und Weise entsteht ein großer, weltweiter Rat, der zusammen die Geschicke des Globus bestimmt. Und dieses führt zur sechsten Regel:

Vor jeder Entscheidung wird der Rat aus dem Licht gehört!

Es geht nicht darum, dass die Wesen aus der Welt des Lichts mitbestimmen. Die Menschen werden sich diesen Rat wünschen, denn besonders in der Anfangsphase dieser neuen Gesellschaft könnte der Rat aus dem Licht hilfreich sein. Selbstverständlich werden die Menschen frei entscheiden, denn sie wurden ja mit einem freien Willen von Gott ausgestattet.

Damit die Entscheidungen des Weisenrats allgemeingültig sind, braucht es eine besondere Art der Kommunikation mit allen Mitgliedern der Gemeinschaft. Um den Informationsfluss zu gewährleisten, installiert der Rat einen Sprecher, der alle Entscheidungen an jeden Haushalt weiterleitet. Welche technischen Hilfsmittel zur Übertragung genutzt werden, wird je nach Verfügbarkeit entschieden.

Die Welt des Lichts verfügt über das gesamte Wissen des Universums. Dieses Wissen wird nach und nach an die Menschheit weitergegeben, um den Planeten Erde wieder in seinen Urzustand zurückversetzen zu können. Die Wunden der Vergangenheit werden geheilt, und der Erde wird zurückgegeben, was über einen langen

Zeitraum entnommen wurde. Um das zu gewährleisten, erlangt die Menschheit neue Technologien. Und das führt uns zur siebten Regel:

Der Erde wird zurückgegeben, was entnommen wurde!

Durch neue technologische Möglichkeiten wird der Mensch in der Lage sein, seine Ressourcen für das tägliche Leben selbst herzustellen, ohne auf die Ressourcen der Erde zurückgreifen zu müssen.

Diese einfachen Regeln sind die einzigen, die die neue Gesellschaft benötigt. Alle anderen Gesetze, die in tausendfacher Form vom Menschen geschaffen wurden, werden hinfällig und niemand wird jemals wieder genötigt sein, über Regeln zur Steuerung des Zusammenlebens nachdenken zu müssen.

Die Menschheit erfährt dadurch eine völlig neue Sicht ihres Daseins – alle Menschen werden in völliger Freiheit und Unabhängigkeit leben können – frei von Ängsten jeglicher Art und frei von Sorgen um die nackte Existenz. Diese Freiheit wird den Menschen zu ungeahnten Fähigkeiten beflügeln, auch wenn er etwas Zeit brauchen wird, bis er seine Freiheit verstanden hat und damit umgehen kann. Vor Freude wird er gerne feiern und sich wünschen, dass seine Freunde in seiner direkten Nachbarschaft leben und alle zusammen eine Einheit bilden.

Diese Regeln bedeuten auch, dass sich alle darauf verlassen können, dass sie das gleiche Recht auf alles haben und niemand irgendetwas dafür leisten muss, um das Gleiche wie ein anderer zu bekommen. Alleine sein Geburtsrecht verleiht ihm diese rechtliche Grundlage. Diese Grundlage wird auch in den Köpfen der Menschen verankert sein, denn ihr neues Bewusstsein wird ihnen dies klar in Auftrag geben. Niemand hat mehr ein Interesse daran, den anderen zu übervorteilen. Das ist ein Umstellungsprozess im Gehirn des Menschen, der derzeit in Vorbereitung ist und sich bereits heute dadurch äußert, dass die Menschen alle wissen, dass die Gesellschaft in ihrem jetzigen Zustand auf keinen Fall so bleiben kann – jeder weiß das, auch wenn noch kaum jemand eine Vorstellung davon hat, wie das künftig funktionieren könnte. Das macht natürlich auch erst dann Sinn, wenn die Menschen wissen, wohin die Reise gehen wird. In diesem Buch und weiteren Werken, die bald folgen werden, wird die neue Gesellschaft beschrieben, damit das Wissen zum richtigen Zeitpunkt zur Verfügung steht.

Eine große Freude wird es den Menschen sein, wenn sie erkennen, dass ab sofort alles wirklich ganz anders läuft, auch wenn die Richtung für viele noch nicht erkennbar sein wird. Um so mehr ist es von Bedeutung, wie gut die Menschheit darauf vorbereitet ist und sich entscheidet, welche Kommunikationskanäle genutzt werden, um die gesamte Gemeinschaft über die aktuelle Entwicklung zu informieren. Die Informationskanäle werden von großer Bedeutung sein, denn es ist von größter Wichtigkeit, dass wichtige Projekte schnell und flächendeckend öffentlich ausgeschrieben werden und dafür entsprechende Mitwirkende gefunden werden können.

Die Informationsquellen sind vielfältig – einerseits wird der Rat als erstes Gremium seine Informationen verteilen, und andererseits werden weltweit Informationen aus den überregionalen Räten kundgemacht. Außerdem werden Unternehmen, die gewisse Funktionen ausüben, die für die Gesellschaft von Bedeutung sind, ihre Vorhaben kundtun und ihre Vorstellungen über die Informationskanäle verbreiten, um qualifizierte Mitarbeiter zu finden. Die neu entwickelten Technologien werden ebenfalls über diese Kommunikationseinrichtungen transportiert, damit wirklich jeder einzelne Bürger auf der ganzen Welt Zugang zu diesen Informationen hat. Es wird keine Geheimarchive mehr geben, die Entwicklungen verbergen, zu denen bisher nur ganz wenige auserwählte Menschen Zugang hatten. Durch die Öffnung dieser Archive werden Innovationsmöglichkeiten geschaffen, von denen der Mensch bisher nur geträumt hat. Das Geld, das man mit diesen Entwicklungen und Patenten verdienen wollte, hat dermaßen viel Innovation verhindert, dass die Erdbevölkerung in ihrer technischen Entwicklung schon heute um mindestens zweihundert Jahre weiter sein könnte. Dies wird binnen kürzester Zeit nachgeholt!

Die neue Gesellschaft wird voller Kreativität stecken und sich zusehends ihr tägliches Leben einfacher und schöner gestalten, sodass jeder ein Leben führen kann, das von Annehmlichkeiten, Freude und Liebe zueinander gekennzeichnet ist. Alle Vorhaben, die ein Einzelner sich ausdenkt und die dem Wohle der Gemeinschaft dienen, werden auch Zuspruch und Unterstützung finden. Aus dem riesigen Think-Tank, der weltweit abrufbar und von allen weltweit gespeist wird, entstehen grandiose Dinge, die den Menschen in ein neues Technologiezeitalter bringen, das sich auf höchstem Niveau befindet.

Alle haben die Möglichkeit, sich persönlich weiterzuentwickeln und Weisheit zu erlangen, denn jeder kann tun und lassen, was er will, und er wird darin auch noch von allen anderen bestärkt und unterstützt. Eine geniale Ausgangsbasis für alle vorstellbaren und unvorstellbaren Möglichkeiten. Niemand kritisiert mehr, niemand urteilt mehr, niemand bremst mehr die Vorhaben eines anderen, alle erfahren Verständnis und Unterstützung – das muss sich die heutige Menschheit erst einmal vorstellen lernen. Es gibt nichts, was nicht möglich ist!

Wenn sich die Menschheit diese neuen Regeln einprägt und sie in jeder einzelnen Handlung zum Ausdruck bringt, dann wird sehr bald die ganze Welt in neuem Glanz erstrahlen. Der Natur wird wieder viel mehr Freiraum eingeräumt, und die Bestände der abgeholzten Wälder werden sich rasch auffüllen, die Ackerböden werden in wenigen Jahren wieder zur Natürlichkeit zurückfinden, und durch organische Düngung wird die Fruchtbarkeit deutlich gesteigert – ebenso wie die Ansammlung von Mineralstoffen in den Pflanzen, die der Menschheit als Nahrung dienen. Durch das Weglassen der Chemie werden zwar die zahlenmäßigen Erträge je Hektar zurückgehen, die Qualität wird jedoch um ein Vielfaches steigen. Neue Pflanzensorten werden gezüchtet, die es schon vor Jahrtausenden auf der Welt gegeben hat, die jedoch gänzlich in Vergessenheit gerieten, weil sie zur Industrialisierung nicht tauglich waren, weil ihr Anbau zu aufwendig und zu wenig ertragreich war. Dadurch wird sich auch die Gesundheit der Bevölkerung dramatisch verbessern. Zudem ist der Leistungsdruck weg und alle durch Stress hervorgerufenen Krankheiten verschwinden gänzlich von der Bildfläche. Neue Heilmethoden für die verbleibenden Krankheiten werden gefunden, und zusehends werden auch diese verschwinden. Zucker wird industriell nicht mehr hergestellt, denn er ist die Ursache der meisten anderen Erkrankungen und der Hauptübeltäter für die Fettleibigkeit weiter Teile der derzeitigen Weltbevölkerung. Lauter schlanke und gesunde Individuen erfreuen sich eines glücklichen Lebens, das von Innovationen und Vielfalt nur so strotzt.

Wenn man die neue Erde in ihrem neuen Licht betrachtet, dann wird sie wieder der strahlende blaue Planet sein, der sie früher einmal war – sie wird zurückfinden zu ihrem Ursprung als Heimatplanet der Menschen und als Tor zur nächsthöheren Dimension, die auf die Menschheit nach geraumer Zeit der Weiterentwicklung wartet. Der Entwicklungsstand des Menschen nach dem Aufstieg in die 5. Dimension wird sich enorm schnell verändern, und er wird mit riesigen Schritten auf die nächste Entwicklungsstufe zusteuern, die ihn der Einheit mit Gott noch ein Stück näherbringen wird.

Frage: Deinen Ausführungen ist zu entnehmen, dass die Menschen sich an die wenigen neuen Regeln halten werden. Warum sollte das so sein, das haben sie ja noch nie getan, und was tun wir mit den Menschen, die sich nicht daran halten?

Die Menschen erhalten eine völlig neue Chance und derer sind sie sich bewusst – das alleine in Verbindung mit der neuen Erkenntnis, dass sie von Gott abstammen und jeder Einzelne nur eine anders ausgeprägte Erscheinungsform von Gott darstellt, das alleine genügt, um die Menschen an die Einhaltung dieser einfachen Regeln zu binden. Niemand wird damit ein Problem haben, denn es betrifft alle, und die Regeln sind mehr als logisch, und vor allem schränken sie niemanden in seiner Freiheit und seinen Entwicklungsmöglichkeiten ein, das unterscheidet diese Regeln von den Gesetzen, die von Menschenhand gemacht wurden. Selbst wenn jemand einmal für einen kurzen, unbedachten Moment diese Regeln vergisst, wird die Gemeinschaft ihn sehr schnell zu seinem Bewusstsein zurückholen, und binnen Sekunden ist er wieder auf Spur.

Frage: Wie wird das passieren, dass die Menschen plötzlich dieses Bewusstsein in sich tragen und es dann auch bereitwillig zum Ausdruck bringen? Passiert da plötzlich im Oberstübchen ein Klick, und das war`s dann?

Dieser Prozess läuft bereits seit geraumer Zeit, und nach und nach sickert das neue Bewusstsein ein – zuerst noch langsam, dann immer schneller weitet sich der menschliche Geist, und Hirnareale werden zugänglich, die bisher verschlossen waren. Dieser Prozess findet zum Ende des Jahres 2012 seinen Abschluß. Im Dezember (2012) kommt der vorläufig letzte Schub an kosmischer Energie, der die Schwingungsfrequenz der Erde und der Menschen erhöht und damit die letzten Areale des Bewusstseins öffnet. Kein Klick oder ein kurzfristiges Ereignis, nach dem alles anders ist. Nein, lediglich eine Entwicklung, die zugegeben relativ rasch über die Bühne gehen wird, sich jedoch schon über mehrere Jahre angekündigt hatte. So ist gewährleistet, dass der Mensch nicht plötzlich unter Schock steht, sondern sein Bewusstsein öffnet sich langsam für diese höheren Sphären, und nach und nach sickert das in seine Handlungen und Überzeugungen ein. So wird es vorkommen, dass sich bereits zu einem sehr viel früheren Zeitpunkt viele Menschen werden vorstellen können, wovon in diesem Buch die Rede ist.

Frage: Werden alle Menschen sozusagen im gleichen Luxus leben, oder wird es da Unterschiede geben? Wenn alles gratis ist, wird sich jeder vom Allerfeinsten bedienen wollen? Wird das möglich sein?

Ich möchte nicht von Luxus sprechen – sprechen wir lieber von Komfort, denn Luxus ist aus zukünftiger Sicht nicht mit den Grundgesetzen in Einklang zu bringen, denn Luxus bedeutet zumeist, Ressourcen anzugreifen, die kostbar und knapp sind. Wenn wir vom gleichen Recht für alle sprechen, dann bedeutet das, dass sehr wohl jeder das gleiche Recht auf das hochwertige Produkt hat. Die Frage stellt sich lediglich, ob die Menschen von ihrem Recht überhaupt Gebraucht machen wollen und ob sie mit dem, was sie derzeit in Verwendung haben, nicht vollkommen zufrieden sind und gar nicht mehr wollen.

Frage: Wie wird die Verteilung von Neuentwicklungen stattfinden, wenn z.B. neue Fernseher entwickelt werden und nur langsam für eine flächendeckende Versorgung gesorgt werden kann? Wird es da eine Regelung geben, die gewisse Menschen bevorzugt?

Wie gesagt wird es viele Menschen geben, die nicht sofort das Allerneueste haben wollen, denn ihnen ist bewusst, dass, wenn sie z.B. ihren Fernseher auswechseln, der alte einen Problemstoff darstellt und dieser umweltbelastend ist. So wird die Überlegung angestellt, ob dieser nicht völlig ausreichend ist, und im Einklang mit den Naturgesetzen wird entschieden. Soll heißen, dass nicht unbedingt jeder seinen Fernseher so lange behalten wird, bis er den Geist aufgibt, und erst dann einen neuen ordert, sondern es wird sehr wohl große Zurückhaltung geben und je nach den persönlichen Bedürfnissen entschieden. Der Mensch behält seine Bescheidenheit bzw. wird diese wieder stärker ausprägen.

Frage: Wenn alle einer der Gemeinschaft dienlichen Arbeit nachgehen und ein Einzelner oder eine kleine Gruppe von sogenannten „Faultieren" und „Nichtsnutzen" beschließt, zu Hause zu bleiben und sich ein schönes Leben ohne Arbeit zu machen, wie geht dann die Gemeinschaft mit diesen Menschen um?

Die Menschen, die sich entschließen, sich ein schönes, arbeitsfreies Leben zu machen, werden im gleichen Maße geschätzt und von der Gemeinschaft ermutigt, sich einer sinnvollen Aufgabe zu widmen. Dies muss nicht unbedingt Arbeit bedeuten, dies kann genauso gut geistige Entwicklung oder spirituelle Entwicklung bedeuten oder einfach nur körperliche Ertüchtigung. Diese Nichtsnutze, wie du sie genannt hast, werden nicht mehr beurteilt oder an irgendetwas gemessen, sie werden lediglich in ihrem Wachstum gefördert und darin unterstützt, ihre gewünschten Erfahrungen machen zu können – und wenn eine der gewünschten Erfahrungen darin liegt, für eine bestimmte Zeit einfach gar nichts zu tun, dann ist das auch in Ordnung.

Frage: Wenn du davon sprichst, dass alles allen gehört, dann würde das bedeuten, dass mir ebenso das Kapitol in Rom, der Eifelturm in Paris oder das Empire State Building in New York gehört. Nach unserem Verständnis von „gehören" würde das bedeuten, dass ich da zu jeder Tages- und Nachtzeit hingehen und mein Recht auf Eigentum einfordern kann, d.h. ich gehe da hin und fordere heute Nacht, dort zu schlafen und am Morgen nach reichlichem Frühstück eines der unbezahlbaren Kunstwerke einfach mitzunehmen. Verstehe ich das so richtig?

Du hast Recht, es ist dein Eigentum, genau so wie es allen anderen auch gehört. Das bedeutet jedoch noch nicht, dass du dort jederzeit aufkreuzen kannst und dich einfach bedienst, denn dann würdest du es ja in deinen persönlichen Besitz übertragen, und das wäre zum Nachteil aller anderen Miteigentümer. Letztendlich ist das so zu verstehen, dass niemand alleinigen Besitzanspruch anmelden kann und dass die Allgemeingüter von einem Abgesandten des höchsten Rats zur Benutzung überlassen werden. Diese Benutzung wird auch nicht mehr entzogen, lediglich wenn z.B. die Immobilie, die du bewohnst, besser für andere Zwecke oder eine größere Gemeinschaft genutzt werden könnte, du darum gebeten werden kannst, dass du dich in eine alternativ vorgeschlagene Immobilie begibst und dort dein freudiges Leben fortsetzt. Die Entscheidung, ob du das annimmst, bleibt ganz alleine bei dir, und du wirst im Sinne der Gemeinschaft deine Entscheidung treffen, denn wenn es der allerhöchste Wunsch eines anderen Abbildes von Gott ist, deine derzeit von dir genutzte Wohnung zu beziehen, dann wirst du ihm diese gerne überlassen, denn es gehört allen, und es ist genug für alle da – das sind zwei der Grundsätze, die hier zur Anwendung kommen.

Frage: Du meinst, hier kommt das Prinzip der Freiwilligkeit zur Anwendung, ebenso wenn es darum geht, ob jemand etwas arbeiten möchte oder nicht?

Ja, ganz genau so ist es zu verstehen, es gibt keine Verpflichtungen und Einschränkungen mehr – jeder tut, was er will, und das aber immer zum Wohle des größeren Ganzen – der Gemeinschaft!

Frage: Alles gehört allen – da sind viele Parallelen zum Kommunismus erkennbar. Ich nehme als abschreckendes Beispiel die Deutsche Demokratische Republik (ex DDR) – dort gab es die sogenannte Planwirtschaft, die zur Folge hatte, dass z.B. die technische Entwicklung von Fahrzeugen so rückständig war, dass Fahrzeuge gebaut wurden, die in den westlichen Ländern schon 20 Jahre keiner mehr gekauft hätte, und darüber hinaus mussten die Menschen jahrelang auf so ein rückständiges Vehikel warten, um überhaupt mobil zu sein. Warum sollte die Gesellschaft nicht wieder eine ähnliche Entwicklung nehmen?

Du hast Recht, es gibt durchaus gewisse Parallelen zur Planwirtschaft der früheren DDR. Im künftigen Modell eurer Gesellschaft wird es sich jedoch sichtlich anders verhalten, denn der Unterschied ist der, dass früher im Kommunismus die Leistung belohnt wurde, obwohl für alle eine gewisse Grundversorgung gesichert war – egal, ob sie etwas arbeiteten oder nicht. In Zukunft wird die Menschheit jedoch völlig frei sein, und jeder kann wirklich tun und lassen, was er will. Durch diese Freiheit wird jeder für den Wert seiner Arbeit echte Gefühle entwickeln, denn er versteht, dass alle einen Beitrag leisten, und deshalb wird er sehr gerne eine hervorragende Leistung erbringen. Der Unterschied liegt größtenteils in der Ausprägung des Bewusstseins der Menschen. Heute sind noch alle Menschen auf ihren persönlichen Vorteil aus, aber in Zukunft wird der Mensch nur noch den Nutzen für die Gemeinschaft in den Vordergrund stellen. Er wird sich und seine Arbeit nur noch auf eine einzige Motivation gründen – den Dienst an der Gemeinschaft, denn er weiß, dass er ebenso wie die anderen Menschen zu ihr beiträgt und er dadurch seinen Neigungen nachgehen kann, ohne sich Gedanken darüber machen zu müssen, ob er heute noch etwas zu essen hat oder nicht. Alle Bemühungen aller Menschen werden dermaßen koordiniert stattfinden, dass es höchst unwahrscheinlich ist, dass irgendjemand auf die Idee kommt, nicht zum Gemeinwohl beitragen zu wollen.

Frage: Um die Arbeit untereinander zu koordinieren, wird es dazu irgendwelcher Einrichtungen oder Koordinatoren bedürfen?

Die Menschen werden sich selbst untereinander so gut abstimmen, dass keinerlei Einrichtungen, Institutionen oder dergleichen benötigt werden, um alle zu koordinieren. Alles läuft voll automatisch, ohne jegliche Kontrollstellen. Jeder macht sich dort nützlich, wo er gerne möchte und wo er gebraucht wird.

Frage: Werden wir dann auch wieder Jahre warten müssen, um irgendein Gerät zu bekommen, das wir gerne haben möchten?

Die Frage ist berechtigt! Es wird keinerlei Wartezeiten geben, um die wichtigen Dinge des täglichen Lebens zu bekommen – für besondere technische Anlagen braucht ihr ja bereits heute einige Zeit, um diese nach Bedarf zu fertigen. Alle anderen Gerätschaften, die ihr immer wieder einmal kauft, werden auch dann regelmäßig auf Lager gehalten. Ihr werdet jedoch aufhören, eine Vielfalt an Geräten herzustellen und auf Lager zu legen, denn es wird aufgrund des nicht mehr existenten Geldes immer die bestmögliche Qualität hergestellt, und das in Abstimmung mit der Verträglichkeit für die Umwelt. Ihr werdet also eure Lager nicht mehr mit den unterschiedlichsten Modellen vollstopfen, sondern nur noch die besten Geräte in ausreichender Menge produzieren, so dass es keine unnötigen und zusätzlichen Wartezeigen gibt.

Frage: Du sagst, dass wir der Erde zurückgeben, was wir über einen langen Zeitraum entnommen haben – wie darf ich das verstehen, werden wir das ganze Erdöl wieder hineinpumpen, das haben wir ja verbrannt und damit das Klima erwärmt. Wie soll das funktionieren?

Sehr gute Frage! Natürlich steht das Erdöl, das ihr entnommen habt, nicht mehr zur Verfügung. Unter der Rückgabe ist jedoch zu verstehen, dass der Erde die Regionen zurückgegeben werden, wo fleißig Bodenschätze entnommen wurden, damit über die Zeit hier gewisse Narben heilen können. Abbaugebiete werden eingestellt und die Wunden der Erde werden so verschlossen, dass sich die Fleischwunden schließen können und die Erdkruste gut vernarben kann. Darunter ist zu verstehen, dass ihr eure Bergbaugebiete auflasst und die offenen Wunden so überdeckt, dass die Natur sich hier wieder ausbreiten kann, und dann gebt ihr der Erde die Ruhe und die Zeit, um die Wunde vernarben und neues Leben darauf entstehen zu lassen. Dort, wo ihr zurückgeben, könnt, da werdet ihr zurückgeben und ihr werdet die Erde heilen. Dies erfolgt nicht nur in Form von den Materialen, die ihr entnommen habt, sondern ihr werdet die Natur bzw. die ganze Erde in energetischer Form heilen. Hierbei werden euch die großen Kristalle, die weltweit verstreut liegen, behilflich sein. Ihr habt Energielinien durchbrochen und die Erdkruste in weiten Teilen aufgerissen – viel Leid wurde der Erde zugefügt, und diese Wunden könnt ihr auf energetische Weise heilen. Dies tut ihr mit Hilfe eurer Gedanken und unter Einsatz der Energieverstärker, die weltweit positioniert sind. Geschulte Leute habt ihr dafür bereits – das nötige Wissen könnt ihr bei uns abfragen bzw. haben wir euch bereits in ausführlicher Form in Büchern übermittelt.

Frage: Sprichst du von den gigantischen Erdenhüter-Kristallen?

Ja, genau von denen spreche ich, und ihr werdet lernen, wie ihr die Erde heilt, und sie wird es euch danken!

Frage: Ist es ein Verbrechen an der Natur, dass so jemand wie ich einen Erdenhüter bei sich zu Hause stehen hat?

Nein, es ist ganz und gar kein Verbrechen, so einen Erdenhüter bei sich zu Hause aufzustellen – viele wurden absichtlich in der ganzen Welt verteilt, damit sie ihren Dienst verrichten können. Du wirst beizeiten wissen, was du mit deinem Erdenhüter zu machen hast, damit er seine Aufgabe erfüllen kann. Hüte ihn bis zu diesem Zeitpunkt gut, und er wird sich zum richtigen Zeitpunkt voll entfalten und euch bei der Erdheilung behilflich sein.

Frage: Wie wird das mit den Rohstoffen sein, die wir vorübergehend noch benötigen, bis wir Alternativen gefunden haben. Werden wir diese aus den Ländern, in denen sie vorkommen, auch tatsächlich erhalten? Oft sind das auch sehr schwierige Regionen, die von Kriegen, Fanatismus, Terror und Völkerhass gekennzeichnet sind?

Aus heutiger Sicht scheint es nie vorstellbar, dass diese Länder der Welt freiwillig ihre Bodenschätze zur Verfügung stellen. Die Veränderungen, die auf euch zukommen, werden jedoch im Vorfeld auch dort zur Mäßigung beitragen, und neue Führer kommen an die Macht. Diese werden unsere Unterstützung erhalten und sich ihrer Aufgabe bewusst sein, doch haben sie auch den Auftrag, sparsam zu sein, und mahnen zur schnellstmöglichen Entwicklung von Alternativen.

Frage: Müssen wir mit einer vorübergehenden Verknappung oder sogar einem Ausfall von z.B. Erdöl rechnen?

Ja, das könnte geschehen, denn die Versorgungswege sind lang, und nach einem kurzen Stillstand der Weltwirtschaft kann es etwas Zeit in Anspruch nehmen, bis alles wieder normal funktioniert. Eure Lagerbestände könnten euch einige Zeit versorgen – je größer diese sind, desto kürzer natürlich die Zeit des Mangels.

Frage: Soll das eine Aufforderung zur Erhöhung der Lagerbestände sein?

Nein, ganz im Gegenteil, es wird so oder so schon im Vorfeld dazu kommen, dass ihr genau wisst, was auf euch zukommt, und ihr werdet kein Problem damit haben, euch vorübergehend etwas einzuschränken, da der Bedarf in der Übergangsphase einem kräftigen natürlichen Rückgang unterliegt.

Frage: Wenn ein weltweiter Weisenrat, der über die Bodenschätze entscheidet, eingerichtet wird – wie lange wird es dauern, bis dieser funktionstüchtig ist und dessen Entscheidungen auch tatsächlich Gehör finden?

Es gibt bereits heute gut organisierte länderübergreifende Organisationen, die dafür bestens geeignet sind – jedes Land wird einen Vertreter dorthin entsenden, der die Bodenschätze seines Landes vertritt, und die Entscheidungen können schnell getroffen werden.

Frage: Wie lange wird es dauern, bis wir diesen Rat dann nicht mehr brauchen?

Innerhalb von ca. 5 Jahren wird es euch gelingen, den Abbau von Bodenschätzen, wie z.B. von Erdöl, einzustellen oder auf ein so geringes Ausmaß zu reduzieren, dass es nur noch eine sehr geringe Relevanz für die Erde hat.

Frage: Wenn wir aufhören, der Natur Wunden zuzufügen, dann würde das wohl auch bedeuten, dass wir aufhören, z.B. Marmor für unsere Fußböden abzubauen. Ist das so gemeint, und welche alternativen Materialien werden wir für den Hausbau verwenden? Oder sollen wir generell auf Holzböden umstellen – oder werden wir auch keine Bäume mehr fällen?

Es ist richtig, dass der Bergbau eingestellt wird und die edlen Steine nicht mehr für eure teuren Fußböden zur Verfügung stehen. Ihr habt mehr als genug Material in Verwendung, das im Recycling-Verfahren wieder wunderschöne Fußböden ergibt. Was das Holz betrifft, so könnt ihr weiter auf diese Ressource der Natur zurückgreifen, doch werdet ihr sorgsam mit der Menge an Holz umgehen, die ihr der Natur entreißt, und der Baumbestand wird sich weltweit rasch erholen. Der Werkstoff Holz steht euch jedoch unverändert zur Verfügung, doch werdet ihr auch dazu eine geänderte Einstellung haben und sorgsamer damit umgehen.

Frage: Wird der Weisenrat wirklich bei jeder Entscheidung auf unsere geistigen Führer aus dem Licht zurückgreifen und um Rat fragen?

Das ist eine wichtige Frage, doch sollte unsere Äußerung nicht bedeuten, dass wir uns unbedingt einmischen wollen, denn ihr habt einen freien Willen, und den sollt ihr gebrauchen. Die Änderung gegenüber eurem heutigen Leben besteht lediglich darin, dass ihr wisst, dass wir euch jederzeit mit einem weisen Rat zur Seite stehen und ihr, wann immer ihr wollt, darauf zurückgreifen könnt. Der Weisenrat wird in der Anfangsphase natürlich auch des öfteren unsicher sein, ob seine Entscheidungen tatsächlich die derzeit bestmögliche Wahl darstellen – aus diesem Grund bieten wir diese Unterstützung an, und die Menschen werden davon Gebrauch machen. Die Erfahrungen daraus werden euch dazu veranlassen, diese Komponente in alle Entscheidungen mit einzubeziehen, um eine zusätzliche Perspektive aus höchster Sicht zu erhalten.

Frage: Wie verbindlich sind die Informationen, die wir von euch bekommen, und was geschieht, wenn wir eurer Meinung zuwider handeln?

Eine Verbindlichkeit ist nicht gegeben, und ihr habt die freie Wahl zu entscheiden, nach welchen Gesichtspunkten auch immer. Ihr lebt dann auch in dem Bewusstsein, dass jegliche Aktion eine Reaktion hervorruft, und dieser Reaktion seid ihr euch sehr bewusst und wägt daher sehr sorgsam ab und vergleicht die möglichen Reaktionen der einzelnen Optionen, die euch zur Wahl stehen. Von unserer Seite werden keinerlei Sanktionen oder Ähnliches erfolgen, das ist nicht unsere Aufgabe!

Nachstehend finden Sie einige zu diesem Kapitel passende Botschaften, die ich im Vorfeld und während der Erstellung dieses Buches zur Veröffentlichung auf meiner Website empfangen habe:

Eine Welt im Aufstieg – das hat es lange nicht mehr gegeben! Ein Ereignis, das absoluten Seltenheitswert hat, und ein Ereignis, das freudiger nicht sein kann! Viele Welten gibt es im Universum, doch nur die eure wird sich erheben und euer Leben völlig verändern. Es ist wie die Neugeburt eines Planeten, der aus dem Nichts emporsteigt und sein wahrlich einzigartiges Gesicht der Öffentlichkeit präsentiert. Eine Welt, die vor Freude und Zuversicht strotzt – eine Welt, die eine Vielfalt an Lebensformen beinhaltet wie nirgendwo sonst im Universum. Es ist eine Besonderheit, wie schnell sich das Bewusstsein der Menschheit verändert und ein Bezug zu sich selbst, seinem Nächsten und zur Natur entsteht – mit Worten nur schwer zu beschreiben. Ein Mensch wird in Zukunft nur noch um das Wohl der Gemeinschaft bemüht sein und sich selbst nicht mehr über die Gemeinschaft stellen. Als höchstes Gut wird die Menschheit die Natur ehren, denn sie lebt im vollen Bewusstsein, dass eine gesunde Natur auch eine gesunde Menschheit bedeutet. Freut euch darauf, ihr werdet völlig neu auf dieser Welt zusammenleben und euer Leben komplett neu definieren. Es wird eine wundervolle Erfahrung und ihr werdet euch noch nie so wohl gefühlt haben!

Die Menschheit erhält eine neue Ausrichtung – sie wird die Epoche der Erfahrungen in der Getrenntheit beenden und in ein Zeitalter eintreten, das ihr das Vertrauen zueinander wiederbringt. Ein Vertrauen zueinander, wie es üblich innerhalb einer Familie ist. Dieses Vertrauen geht soweit, dass sich niemand mehr darum sorgen muss, dass ein Anderer ihm ein Leid zufügen oder ihm schaden könnte. Dieses Vertrauen gründet auf eurer Einheit miteinander und auf eurer Einheit mit Gott, eurem Schöpfer. Diese Einheit wird euch sehr bald schon bewusst werden, und ihr werdet daraufhin alle eure Kämpfe beenden und Frieden schließen. Dieses Einheitsbewusstsein sorgt dafür, dass ihr alle zusammen an der Entwicklung eurer Gesellschaft arbeitet und dass euch allen zusammen nur das Gemeinwohl am Herzen liegt. Eine Einheit, die füreinander in allen Belangen einsteht, und eine Einheit, die in allen Lebensbereichen neue Formen der Zusammenarbeit hervorbringen wird. Eine schöne Entwicklung, die euch alle zusammen einen großen Schritt vorwärtsbringen wird. Die Evolution macht einen Quantensprung, und ihr steht im Zentrum aller Interessen.

Weiterentwicklung – der erste Schritt zur neuen Gesellschaft

Nachdem die neuen Regeln festgelegt und der Rat bzw. auch die lokalen Räte gewählt wurden, beginnt deren Arbeit in sehr engem Kontakt mit der Bevölkerung. So gut wie täglich tritt der Rat zusammen, um die Grundsatzentscheidungen zu treffen. Wann immer Streitigkeiten bzw. Uneinigkeit unter der Bevölkerung herrscht, wird der Rat zu Hilfe gerufen und eine Lösung gefunden. Durch das neue Bewusstsein der Menschen über ihre Herkunft verlaufen alle Diskussionen gewaltfrei.

Neue Möglichkeiten zur Beilegung von Meinungsverschiedenheiten werden in Form von Mediatoren gefunden, die, bestens ausgebildet, in allen Bezirken eingesetzt werden. Diese Mediatoren dienen den lokalen Räten als Informanten über mögliche Missstände, die ausgeräumt werden müssen. Die Gesellschaft ist ja noch jung, und es gibt viel zu tun in der Entwicklung dieser neuen Form, miteinander zu leben.

Die Gesellschaft formt sich über die täglichen Gespräche, jede Entscheidung der Räte wird öffentlich gemacht und begründet. Jedes Mitglied der Gesellschaft hat die Möglichkeit, auf diese Informationen zu jeder Zeit zuzugreifen – technische Hilfsmittel stehen allen zur Verfügung. Alle von Menschen geschaffenen Einschränkungen, die die Bevölkerung gezwungen haben, sich einem System zu unterwerfen, das sie am unteren Rand der Gesellschaft hält und lediglich mit dem Nötigsten abspeist – das hat ein Ende. Die Mächtigen werden nicht mehr versuchen, sich im System zu bereichern, denn es gibt keine Reichtümer mehr, um die jemand Lust hätte zu kämpfen. Alles gehört allen, und niemand hat das Recht, irgendetwas für sich alleine zu beanspruchen.

Die technischen Entwicklungen gehen rapide voran, denn es gibt keine Einschränkungen mehr durch leere Fördertöpfe für Forschung und Entwicklung. Der Rat beauftragt Forschungen, doch jeder kann für sich forschen so viel er will, um seine Ergebnisse dann der Allgemeinheit zur Verfügung zu stellen. Durch die Forschung, die jetzt unbeschränkte Möglichkeiten hat, werden binnen kurzer Zeit Innovationen möglich, die das Leben auf der Erde völlig verändern. Forschungen, die schon längst hätten angestellt werden sollen, können jetzt mit Nachdruck betrieben werden, denn die Ressourcen an Menschen, die gerne mithelfen, und Hilfsmitteln sind nahezu unbegrenzt.

Die Gesellschaft teilt sich auf – jeder entscheidet für sich, in welchem Bereich er tätig sein möchte. Die einen widmen sich der Produktion von Lebensmitteln für alle, und die anderen produzieren die erforderlichen Güter des täglichen Lebens. Andere wiederum widmen sich der persönlichen Weiterentwicklung und werden erst später freiwillig gewisse Aufgaben für die Gemeinschaft übernehmen. Jeder kann all das tun, was ihm am meisten Freude bereitet, und alle haben mehr als genug Zeit, um das Leben zu genießen.

Verwaltungstätigkeiten gibt es so gut wie keine mehr, denn niemand ist den anderen Rechenschaft schuldig, nichts muss bezahlt werden, keine Rechnungen werden erstellt. Es ist genug für alle da – alles gehört allen!

Die Welt bekommt einen Welt-Rat, der die oberste Entscheidungsgewalt über die Bodenschätze erhält und darüber entscheidet, ob eine Ressource angegriffen und auf welche Art und Weise sie gefördert wird. Ihre Verwendung bzw. Verarbeitung wird entschieden, ebenso die Bestimmungsorte sowie der Weg dorthin. All das obliegt dem höchsten Rat, und alle Länder fügen sich den Entscheidungen des Welt-Rates, der auch über die Verteilung der Lebensmittel in benachteiligte Regionen entscheidet.

Die Welt bekommt ein Gewissen, das in den Köpfen jedes Einzelnen verankert ist und dafür sorgt, dass jedem bewusst ist, wer er ist und warum er hier auf dieser Welt lebt. Somit wird jeder gerne am Weltgeschehen teilnehmen und sich für die Gemeinschaft einsetzen. Immer mehr Menschen werden sich auch an die Welt des Lichts wenden, um Wissen und Weisheit zu erfahren. Die mentale und spirituelle Entwicklung des Menschen schreitet voran, und die ganze Welt entwickelt sich immer weiter in die 5. Dimension hinein – ein stetiger Prozess, der niemals aufhört.

Die Sicherheitskräfte werden keine Aufgabe mehr haben, wie sie es bisher gewohnt waren, denn Gewalt kommt in dieser Gesellschaft nicht mehr vor. Eine Einsatztruppe, die schnell zur Hilfeleistung in gewissen Regionen zur Verfügung steht, wird immer dienlich sein – ihr Einsatz hat jedoch ausschließlich humanitäre Beweggründe – Waffen werden dafür nicht mehr benötigt.

Die Weltbevölkerung wird in ihrer Anzahl dadurch reguliert werden, dass der Mensch eine klare Vorstellung davon hat, wie viele Menschen in der Region, in der er lebt, für die Natur verträglich ernährt werden können. Das bedeutet, dass sich die Menschen selbst mengenmäßig eine Regulierung auferlegen. Viele werden auch aus ihrer Region abwandern und sich woanders ansiedeln. Dieser Verteilungsprozess wird einige Zeit in Anspruch nehmen und für eine Durchmischung der Rassen sorgen. Jeder hat das Recht, überall dort zu leben, wo es ihm gefällt. Er wird überall herzlich aufgenommen und in die Gesellschaft integriert. Die Städte werden einer Abwanderung unterliegen, denn die frei gewählten Betätigungsfelder der Menschen werden nicht alle in den Städten zu finden sein. Nachdem sich niemand Sorgen um ein Zuhause und ausreichend Nahrung machen muss, kann er auch jederzeit überall hinziehen. Im Laufe eines Lebens kann man durchaus die ganze Welt bereisen. Ein Austausch der Kulturen findet statt, und eine Vielfalt an Brauchtum und kulturellen Besonderheiten wird überall sichtbar.

Die Vielfalt der Religionen hat diese Welt geprägt. In der 5. Dimension gibt es die Grundsäulen der einzelnen Religionen nicht mehr – das Bewusstsein ist soweit geöffnet, dass jeder die Göttlichkeit in sich selbst erkennt. Priester und Gebote werden überflüssig. An ihre Stelle tritt der Bezug zur Welt des Lichts, aus der alle kommen und in die alle zurückkehren. Die ganze Weisheit wird den Menschen nach und nach zuteil, und die Göttlichkeit wird in jedem Menschen, in jeder Pflanze, in jedem Berg und jedem Stern am Himmel zu bewundern sein.

Die Menschheit erhält eine ganz besondere Aufgabe. Ihr Auftrag lautet, sich von der Welt emporzuheben und über den Ereignissen einen Platz einzunehmen, der ihr die Möglichkeit gibt, sich selbst in ihrer Göttlichkeit zu erkennen. Damit ist gemeint, dass der Mensch aufgefordert wird, sich selbst aus einer höheren Perspektive – einer Art Metaposition – zu betrachten und dadurch einen anderen Blickwinkel für die Gesamtheit der Menschen im Verbund mit ihrem Planeten Erde zu erlangen. Das ist eine geistige Position, die alleine oder in der Gruppe eingenommen werden kann, um daraus Erkenntnisse zu ziehen, wie es dem Planeten geht und welche Bedürfnisse er hat, um wieder gesund werden zu können. Die Erde hat viel durchgemacht – der Mensch hat ihr schwer zugesetzt, und jetzt müssen diese Schäden wieder ausgeglichen werden. Dies wird nicht immer materiell möglich sein, und deshalb muss dies spirituell geschehen. Die Welt muss einem Heilungsprozess unterzogen werden, und dies bedarf der gesamten geistigen Kraft der Menschheit.

Es werden spirituell hochstehende Persönlichkeiten hervortreten, die ihre Aufgabe darin sehen, die Erdheilung voranzutreiben und die gesamte Menschheit darin einzubinden. Viele dieser Erdheiler werden in den unterschiedlichsten Gegenden aller Kontinente auftreten und gemeinsam ein erdumspannendes Netzwerk aufbauen und Bereich für Bereich aus energetischer Sicht behandeln. Gegend für Gegend wird durch Rituale und Einleitung von Liebesenergie geheilt, und der Erde wird zurückgegeben, was sie im Laufe der letzten Jahrhunderte an die Menschen abgegeben hat. Alles geschieht in Form von Energie, die der Erde zugeführt wird und die ihr hilft, ihren Energiebestand wieder aufzufüllen – ein Prozess, der einige Zeit in Anspruch nehmen wird, um die ganze Erde flächendeckend zu heilen.

Diese Rituale werden der Menschheit ein neues Bewusstsein über ihren Heimatplaneten verleihen, und dadurch werden die Vorgänge der vergangenen Zeit verarbeitet, und es festigt sich weiter die mittlerweile selbstverständlich gewordene neue Lebensart auf der Erde. Die Menschen werden mehr und mehr verstehen, wie wichtig es war, das Geld abzuschaffen, und an seine Stelle die Liebe zueinander zu platzieren. Diese Liebe ist in der Anfangsphase noch nicht so stark ausgeprägt – doch über diese Rituale und die Erdheilung als Gesamtes werden die Beziehungen zwischen den Menschen und zwischen dem Planeten und seiner Bevölkerung vertieft. Ein neues Bewusstsein hat der Mensch erhalten, und dieses festigt und ergänzt sich durch neue Erfahrungen aus dieser geistigen Tätigkeit. Für alle wird es eine interessante Erfahrung, zu spüren, wie sich die Energie des Planeten hebt und verstärkt – dadurch werden alle Menschen in ihrer Wahrnehmung gestärkt und sensibilisiert – ein Prozess, der so weit gehen wird, dass die Energiefelder der Erde, der Berge und aller anderen Komponenten, aus der diese Welt besteht, für alle wahrnehmbar werden. So können Störungen jederzeit erkannt werden und im gemeinsamen Ritual ausgeglichen werden.

Die Welt profitiert davon ungemein, und sie wird dadurch aufblühen wie eine Rose und sich dem Menschen gegenüber öffnen und ihm die Möglichkeit geben, tief in ihr Inneres vorzudringen, um dort im Zentrum der Erde den Mutterkristall und seine unerschöpfliche Energie nutzen zu lernen. Der Mensch bekommt die einmalige Gelegenheit, das Geheimnis des Planeten zu entdecken, seine Entstehungsgeschichte zu erforschen und sich viele neue Erkenntnisse über sich selbst anzueignen. Eine wunderschöne Erfahrung, von der die Menschheit heute noch gar keine Vorstellung hat. Der Wert dieser Erfahrung für die gesamte menschliche Rasse ist ebenfalls unabschätzbar. Die Menschen werden aus diesen Erkenntnissen Entwicklungen ableiten können, die ihnen eine Reise durch die Galaxie ermöglichen wird, um dort in völlig andere Welten vorzudringen und die dort lebenden Wesen und ihre Art zu leben kennenzulernen.

Diese anderen Welten werden den Menschen eine zusätzliche Komponente für ihr eigenes Dasein liefern und ihre Entwicklung weiter vorantreiben. Diese neuen Welten werden euch so viele Eindrücke liefern, dass ihr die Herrlichkeit der Schöpfung zumindest annähernd erkennen könnt. Es werden keinerlei Ängste mehr vorhanden sein, denn ihr seid euch eurer Unsterblichkeit bewusst und gewiss, dass ihr immer und immer wieder zurückkehren könnt, um all das noch einmal zu erfahren. Eine Reise beginnt, die man als die *kosmische Erfahrungsreise* bezeichnen könnte. Der Geist des Menschen wird in der Lage sein, die Erde zu verlassen und in andere Sphären vorzudringen.

Das sogenannte *Weltall* wird physisch nicht mehr bereist werden, denn im Geiste sind viel größere Reisen in andere Galaxien möglich, und Erkenntnisse aus der Forschung im schwerelosen Zustand werden in der Form nicht mehr notwendig sein, denn die Wissenschaft wird ganz andere Methoden finden, um neue Erkenntnisse der molekularen Zusammensetzung zu erforschen.

Die Welt öffnet all ihre Geheimnisse, und der Mensch findet aus seiner alten Denkweise als einzelnes Individuum – aus dieser verirrten Überzeugung – immer mehr heraus und stellt fest, dass er nicht nur mit allen Mitgliedern der Erdbevölkerung verbunden ist, sondern dass er ebenso eine Verbindung zu anderen Wesen hat, die in ganz anderen Galaxien leben, und seine Verbundenheit alle Planeten und Gestirne im gesamten Kosmos einschließt. Eine Einheit entsteht, die das Bewusstsein der Menschen heute zu erfassen nicht imstande ist.

Eine freudige Reise durch das Universum beginnt, und darauf könnt ihr Menschen euch wirklich sehr freuen, denn durch diese Erkenntnisse und die neuen Erfahrungsmöglichkeiten werden eurem Leben völlig neue Aspekte hinzugefügt. Der Aufstieg in die 5. Dimension ist nur der Anfang einer völlig neuen Erfahrungsvielfalt, die auf euch wartet. Seid herzlich willkommen, ihr Abbilder Gottes, in einer neuen Dimension der geistigen Entwicklungsmöglichkeit!

Frage: Ich bin ganz beeindruckt von dieser Vorausschau auf die wahrlich ungeahnten Möglichkeiten, die uns bevorstehen. Bevor ich auf diese

phantastisch klingende Reise durch den Kosmos zurückkomme, möchte
ich zuerst bei unserer neu gebildeten Gesellschaft bleiben und eine Frage
im Zusammenhang mit den Mediatoren stellen. Werden diese Mediato-
ren viel Arbeit haben – wird es viele Streitigkeiten geben?

Nein, diese Mediatoren sind mehr als Informanten gedacht, die dem
Rat von der aktuellen Entwicklung in den einzelnen Bereichen
berichten und die als Ansprechpartner für die Bevölkerung dienen,
um möglichst alle Komponenten des täglichen Lebens zu optimieren.

Frage: Wenn die Grundsäulen der Religionen nicht mehr vorhanden
sind, was sagt man den vielen Theologen, Priestern, Mönchen, Nonnen
und Religionslehrern, die ihr ganzes Leben Gott verschrieben haben
und feststellen müssen, dass sie sich geirrt haben?

Die Menschen, die ihr Leben der Religion und der Verbreitung dieser Lehren verschrieben haben, werden ihre bisherige Arbeit nicht
als nutzlos erachten – sie werden ihren Auftrag von Gott als solchen
durchaus als erfüllt betrachten. Sie werden auch künftig als Botschafter Gottes arbeiten, nur wird sich ihr Auftrag verändern und
den aktuellen Vorkommnissen auf der Erde anpassen. ihre Arbeit
bleibt im Wesentlichen unverändert, doch die Art der Ausführung
wird neu zu überdenken sein. Auch diese Menschen haben ihr
Bewusstsein ja verändert, und sie werden diese neuen Erkenntnisse
in ihre Arbeit einfließen lassen und weiterhin einen sehr wesentlichen Beitrag zur Gemeinschaft leisten – wichtige Persönlichkeiten,
die in der Phase der Umstellung des Bewusstseins für viele Menschen eine große Bedeutung haben werden.

Frage: Diese technischen Hilfsmittel, die zur Verbreitung der Rats-Ent-
scheidungen zur Verfügung stehen und auf die jeder zugreifen kann –
kann ich mir die in Form von Fernsehen und Internet vorstellen, oder
gibt es da andere Entwicklungen?

Die bekannten technischen Einrichtungen werden natürlich in der Anfangsphase Anwendung finden, so lange bis der Mensch die nächste Generation an Kommunikationseinrichtungen entwickelt hat, die das Informationsspektrum blitzschnell in alle Ecken der Welt transportieren kann. Eine neue technische Entwicklung wartet auf euch, die das bisherige Fernsehen, Telefon und Internet revolutionieren wird.

Frage: Das klingt sehr spannend, könntest du uns bitte mehr darüber erzählen?

Wie schon zuvor erwähnt, möchte ich euch nicht zu viel darüber berichten, denn es soll euch die Freude erhalten bleiben, all diese Dinge selbst zu entdecken.

Frage: Ich bin jetzt Mitte 40 – werde ich das noch erleben und diese neuen Technologien nutzen können?

Wie schon gesagt, werden diese Entwicklungen rasend schnell erfolgen, und du wirst bereits in wenigen Jahren vom Fortschritt profitieren können.

Frage: Die heute benachteiligten Regionen, wie z.B. die vom Hunger geplagten Gebiete in Afrika und Asien, werden also gemäß deinen Ausführungen mit Lebensmitteln aus der ganzen Welt versorgt werden. Wird sich dort ein normales Leben entwickeln können, oder wandern die Menschen von dort ab? Wenn eine Abwanderung erfolgt, müssen wir in den sogenannten westlichen Ländern uns Sorgen machen, dass wir von Einwanderern überflutet werden?

Diese Regionen, die Dürrekatastrophen aushalten mussten, werden in Zukunft natürlich besondere Aufmerksamkeit benötigen. Diese wird den Menschen dort auch zuteil werden, und man liefert nicht nur Lebensmittel, um kurzfristig das Überleben der Menschen zu sichern, man liefert auch Technologien und Gerätschaften, um der Bevölkerung Eigenständigkeit in der Nahrungsmittelproduktion zu ermöglichen. Diese Menschen werden in der Lage sein, sich selbst zu versorgen, und es besteht daher kein Grund für eine Abwanderung.

Frage: Derzeit leben Millionen von Menschen unter unvorstellbar schlechten Bedingungen in Flüchtlingslagern, weil in ihren Ländern Bürgerkrieg herrscht – was geschieht mit diesen Menschen?

Die Bürgerkriege werden bald ein Ende finden und diese Menschen können in ihre Heimat zurückkehren und dort ein neues Leben beginnen. Mit der weltweiten Hilfe wird sich dies sehr schnell normalisieren.

Frage: Du sagst, dass sich immer mehr Menschen an euch Wesen des Lichts wenden werden, um Wissen und Weisheit zu erlangen. Wird jeder in der Lage sein, mit euch zu kommunizieren, und dies auch regelmäßig tun? Wenn ja, wird da nicht das ganze menschliche Dasein in Frage zu stellen sein, wenn wir von euch sowieso laufend alle Informationen erhalten können?

Nur keine Sorge – euer Dasein wird durch den Kontakt zu uns in keinster Weise in Frage gestellt, denn ihr Menschen habt das Privileg, am eigenen Körper die ganze Vielfalt der Emotionalität zu erfahren, die wir in dieser Form hier nicht kennen. Das Leben für euch hat so viele Facetten, die wir hier nicht zur Verfügung haben. Euer Leben besteht aus der Wahrnehmung über alle eure Sinne, die zusehends an Bedeutung gewinnen – eure geistige Entwicklung, die jetzt im Zuge des Aufstiegs in die 5. Dimension erst so richtig Beschleunigung erfährt, ist eine wunderschöne Erfahrung, und die neuen Erkenntnisse, die euch bevorstehen, werden euch dermaßen faszinieren, dass ihr überschäumend vor Glück darüber berichten werdet. All diese Erfahrungen solltet ihr auf Erden machen, und deshalb seid ihr hier! Wir haben diese Erfahrungen bereits gemacht – die meisten von uns haben den Reinkarnationszyklus absolviert und verfügen über denselben Erfahrungsschatz, wie ihr es nach eurer Rückkehr in die Welt des Lichts tun werdet. Ein Traum geht in Erfüllung – voll Freude auf die neuen Erfahrungen werdet ihr euch in das nächste Abenteuer des Lebens stürzen – wir geben euch lediglich Führung in Situationen, wenn ihr ratlos und verzweifelt seid.

Frage: Du sprichst von einer freiwilligen zahlenmäßigen Beschränkung von uns Menschen in den einzelnen Regionen. Wie wird das funktionieren? Gibt es da eine Vorgabe vom Rat, oder werden das die Familien unter sich besprechen? Wie geht das mit der Wanderbewegung, das könnte ja dazu führen, dass eine Region, weil es da so schön und angenehm zu leben ist, völlig überrannt wird?

Die Menschen werden selbst ein Gespür dafür entwickeln, wie viele Menschen eine Region verträgt, und diese Menge wird keinesfalls restlos ausgereizt werden, und dadurch wird auch niemals der Umstand eintreten, dass Neuankömmlinge in der Region nicht integriert werden können, weil nicht genug Nahrung zur Verfügung steht. Es wird nicht notwendig sein, die Wanderbewegung zu regulieren, denn alle werden ihrer angestammten Heimat verbunden bleiben, und von sich aus wissen, wohin sie gehören. Es bedarf auch keiner Regelung durch den Rat – ein natürlicher Prozess, der unterbewusst von selbst gesteuert wird. Außerdem werdet ihr die nächste Zeit dermaßen mit eurer Weiterentwicklung beschäftigt sein, dass die Vermehrung im klassischen Sinne keine allzu große Bedeutung haben wird, denn es gibt soviel zu entdecken, und dadurch werden vorläufig eher weniger Kinder geboren.

Frage: Die spirituelle Entwicklung des Menschen hast du skizziert – mich wundert, dass dieser Quantensprung in so kurzer Zeit passieren wird – bisher haben wir 2.000 Jahre lang an einen verurteilenden Gott geglaubt, dem man mit Ehrfurcht begegnen musste, um nicht ins ewige Fegefeuer geworfen zu werden, und plötzlich von fast einem Tag auf den anderen kommt die große Erleuchtung? Warum nicht ein gleitender Übergang?

Die Menschen mussten für einen gewissen, langen Zeitraum in der Getrenntheit voneinander verweilen, um all die Erfahrungen machen zu können, die vorgesehen waren. Dieser Zeitraum ist jetzt beendet, und es ist Zeit, um den nächsten Entwicklungsschritt zu machen. Ein langsamer Übergang wäre nicht möglich, denn der Mensch kann nicht einerseits in der Getrenntheit leben und andererseits in der Einheit und ein Dazwischen gibt es nicht. Es gibt nur ein Entweder-Oder. Darum geschieht der Aufstiegsprozess in sehr kurzer Zeit, und natürlich wird die gesamte menschliche Gedankenstruktur über den Haufen geworfen, und manch einen könnte das vorübergehend etwas aus dem Gleichgewicht bringen. Doch ihr werdet sehr schnell die neue Situation erfassen und euch freudig mit den neuen Erkenntnissen auseinandersetzen und Möglichkeiten entdecken, die euch bisher nicht einmal im Traum eingefallen wären.

Frage: Die Erdheilung ist mir noch etwas unverständlich – wie genau funktioniert das?

Auf der Erde gibt es riesige Kristalle, die auf weite Teile der Welt verstreut sind. Die sogenannten *Erdenhüter-Kristalle* haben die Aufgabe, das Energiefeld der Erde zu kontrollieren und im Gleichgewicht zu halten. Durch die Eingriffe des Menschen überall auf der Welt sind diese Energielinien unterbrochen und geschwächt worden und können daher nicht mehr vollständig der Erde als Schutzmechanismus dienen. Ein Schutz, der nicht nur dem Planeten, sondern der ganzen Menschheit und der Natur zuteil wird. Dieser Schutz muss wiederhergestellt werden, um die Erde von Einflüssen von außen, die der sensiblen Natur schaden könnten, zu schützen. Dieser Schutz dient den Menschen ebenso, und daher muss der Mensch diesen Schutz, nachdem er ihn geschwächt hat, auch wieder aufbauen, um seine eigene Existenz zu sichern.

Frage: Wovor sollte uns dieses Energiefeld beschützen?

Die Einflüsse aus dem Kosmos, das sind einerseits Strahlen, die von eurer Atmosphäre gefiltert werden. Einerseits wird die Atmosphäre vom Energiefeld der Erde geformt, und andererseits werdet ihr laufend von Himmelskörpern bedroht, die quer durch das Weltall fliegen und auf ihrer Bahn möglicherweise in Kollision mit eurem Planeten geraten können. Das Energiefeld der Erde kann diese Himmelskörper beeinflussen und von ihrem Weg abbringen. Je schwächer das Energiefeld ist, desto eher besteht die Gefahr aus dem All. Das ist ein Teil, wofür ihr diesen Schutz benötigt. Diese Kristalle sind sehr mächtig, und gebündelt können sie der Welt Unmengen von Lebensenergie spenden, die die Natur und auch die Menschen benötigen, um überhaupt leben zu können. Der Mensch bezieht seine Energie ebenso wie die Pflanzen für sein Wachstum und sein tägliches Leben nicht nur aus seiner Nahrung und dem Wasser, sondern einen überwiegenden Teil aus der Erdenergie und aus der Energie des Kosmos. Diese Energien halten das Leben auf der Erde im Gleichgewicht, und derzeit schwankt dieses Gleichgewicht und muss wiederhergestellt werden. Das wird eure Aufgabe sein.

Frage: Inwieweit hat die Verschleppung viele dieser wunderbaren Erdenhüter-Kristalle in die Haushalte der Menschen einen Beitrag zur Destabilisierung der Erdenergie geleistet?

Die Erdenhüter-Kristalle wurden von vielen Sammlern als Einkommensquelle entdeckt, und nachdem sie sehr schön und selten sind, wurden sie auch für viel Geld gehandelt. Die Verteilung dieser Giganten auf die ganze Welt ist in diesem Falle sogar sehr angenehm und eine positive Begleiterscheinung. Durch die Positionierung vieler dieser Erdenhüter-Kristalle in Regionen, die vom Menschen massiv durch Besiedelung und Abbau von Bodenschätzen gestört wurden, kann jetzt die Erdenergie wieder angereichert werden. Die Kristalle müssen lediglich noch aktiviert werden und dann können sie ihren Dienst wieder verrichten und zur Heilung der Erde eingesetzt werden. Das bedeutet, dass jeder, der so einen Erdenhüter zu Hause stehen hat, sich kein schlechtes Gewissen machen muss, denn er kann diesen Stein sehr gut einsetzen – er muss nur noch lernen wie, doch dazu gibt es bereits sehr gute Literatur und viele Menschen, die über das nötige Wissen verfügen. Also, allen Besitzern von solchen Kristallen sei gesagt, dass sie sich bitte mit der Kraft und dem Zweck dieser Steine auseinandersetzen sollen, um der Erde über diese Kristalle einen Dienst zu erweisen.

Frage: Du sprichst vom Geheimnis der Erde, das sie uns verraten wird und das uns Wissen vermittelt, um Entwicklungen zu machen, die uns Reisen in andere Galaxien ermöglichen. Was werden wir erfahren, und wie werden diese Reisen möglich werden?

Die Welt hält wahrlich ein Geheimnis für euch bereit, das auf die Kristalle zurückzuführen ist, denn ihr werdet diese Kristalle zu gebrauchen und die darin enthaltene Energie für euch zu nutzen lernen. Mit dieser Energie können phantastische Dinge angestellt werden, die ihr aber erst selbst entdecken müsst. Gestärkt durch die Energie des Mutterkristalls, werden sich hier unsagbare Möglichkeiten auftun, die dem Menschen eine visuelle Reise in andere Galaxien ermöglichen.

Frage: Visuell heißt für mich, dass wir Bilder sehen, aber physisch nicht verreisen. Bedeutet das, dass wir so was wie gigantische Hologramme herstellen können und in diesen Gebilden aus Licht alles Mögliche unvorstellbar weit Entfernte darstellen?

Ja, so ähnlich könnte man das beschreiben, doch mehr will ich euch heute wirklich nicht verraten – lasst euch überraschen und nehmt mit der Mutter Erde Kontakt auf, um mehr zu erfahren. Zuvor müsst ihr jedoch den Aufstieg in die 5. Dimension absolvieren, denn im Geiste seid ihr heute nicht reif genug, um dies richtig zu verstehen und auch richtig einzusetzen. Es könnte euch sogar sehr zum Nachteil gereichen, wenn ihr heute über diese Möglichkeiten verfügen würdet.

Nachstehend finden Sie einige zu diesem Kapitel passende Botschaften, die ich im Vorfeld und während der Erstellung dieses Buches zur Veröffentlichung auf meiner Website empfangen habe:

Liebe Erdenbürger, geliebte Gotteskinder – ein großer Moment wartet auf euch! Die Welt verändert sich mit riesigen Schritten und ihr gelangt in ein Zeitalter der menschlichen Evolution, das seinesgleichen sucht. Ihr werdet ungeahnte Möglichkeiten haben und ihr werdet Reisen unternehmen, die ihr euch bisher nicht im Entferntesten vorstellen konntet. Euer Geist wird zu Dingen fähig sein, die ihr euch heute nicht vorstellen könnt. Eure Schöpferkraft wird sich entfalten, und eurer Geist wird zum wichtigsten Werkzeug der Zukunft. Alle Erfahrungen, die ihr bisher machen durftet, dienten euch lediglich dazu, um die Abkehr von der dunklen Seite jetzt zu vollziehen. Ihr werdet euch der lichten Seite zuwenden und dadurch Erleuchtung erfahren. Viele von euch sind bereits heute in der Lage, im Kontakt mit uns mehr zu erfahren, doch alle können versichert sein, dass euch das gesamte Spektrum an Möglichkeiten zur Verfügung steht. Freut euch darauf, Gott ein großes Stück näher zu kommen – es wird eine unsagbar schöne Erfahrung für euch!

Die Welt bekommt ein neues Gewissen – ein Gewissen, das viele von euch bereits besitzen und der Rest in voller Ausprägung erfahren wird. Dieses Gewissen wird euch dazu veranlassen, euren Nächsten ebenso zu ehren und zu schätzen wie euch selbst. Diese neue

Einheit mit den anderen Menschen wird euch in ein Zeitalter führen, indem ihr alle zusammen einen Entwicklungsschritt machen könnt, der einem Quantensprung gleicht. Die Zukunft eures Planeten wird rosig, denn ihr werdet die Wunden, die ihr der Erde zugefügt habt, alle heilen, und dadurch wird das Energiesystem der Erde wieder ins Gleichgewicht gebracht und einer friedvollen Zukunft steht nichts mehr im Wege. Die Erde wird euch dankbar sein – dankbar dafür, dass ihr sie vor dem Ende bewahrt habt, denn die Bedrohungen aus dem Weltall in Form von Strahlung und Himmelskörpern ist permanent gegeben, und nur ein intaktes Energiefeld kann euch davor beschützen. Fahrt fort mit eurer Reise in Richtung 5. Dimension und freut euch darauf, denn die Entwicklung nimmt bereits ihren Lauf. Seid gegrüßt von den Engeln des Lichts!

Die Vollendung einer neuen Gesellschaft

Damit sich diese neue Gesellschaft manifestieren kann, bedarf es einer Reihe von grundlegenden Werten. Das höchste Gut in dieser Hierarchie der Werte stellt das Leben an sich dar. Die Menschheit hat einen Zweck zu erfüllen: hier auf dieser Erde ein Leben zu führen, das die Grundprinzipien von Gott in Gestalt eines lebenden Menschen zum Ausdruck bringt. Und das Grundprinzip von Gott ist Liebe! Das heißt also, dass der oberste Wert ist:

in Liebe zu leben!

In Liebe leben bedeutet, sich selbst zu lieben, den Mitmenschen in Liebe zu begegnen, die Natur und den Planeten liebevoll zu behandeln.

Die Natur hat das Recht auf Fortbestand, denn sie ist „die Wiese" allen Lebens. Das Leben auf dieser Welt soll in so vielfältigen Variationen zum Ausdruck gebracht werden, wie es nur irgend möglich ist. Die Natur ernährt den Menschen und ermöglicht es ihm, seinen Auftrag zu erfüllen. Der Schutz der Natur in allen ihren Ausprägungen stellt das höchste Gut dar. Der zweite Wert in der Hierarchie lautet also:

Die Natur steht über allem!

Im Einklang mit der Natur zu leben, bedeutet, Rücksicht zu nehmen. Rücksicht auf alles, was von Gott geschaffen wurde, um dem Menschen zu dienen. Und genau aus diesem Grund hat der Mensch dafür zu sorgen, dass die Natur ihren Zweck erfüllen kann.

Das Leben ist eine Besonderheit! Von Gott gegeben zu einem bestimmten Zweck. Zur Erfüllung dieses Zwecks bedarf es gewisser Anstrengungen, um die Entwicklung jedes Einzelnen im Prozess des Lebens zu ermöglichen. Die Erlangung von Weisheit – Weisheit, die sich als Liebe zu erkennen gibt – ist das Ziel dieses Prozesses auf Erden. Neben dem Erhalt des Lebens ist die Förderung der Weisheit für alle Menschen oberstes Gebot. Der dritte Wert lautet somit:

Fördere die Weisheit des anderen!

Die Förderung der Weisheit des anderen geschieht durch die Weitergabe der eigenen erlangten Weisheit sowie durch die Unterstützung seiner Erfahrungen, die er zur Erlangung von Weisheit machen möchte.

Die Menschheit untersteht den Naturgesetzen. Die Wahrung dieser Gesetze ist für den Fortbestand der Erde von größter Bedeutung! Indem sich der Mensch der Natur unterwirft, anerkennt er die Vormacht dieser Gesetze – missachtet er sie, wird die Natur ihn missachten. Der nächste Wert in dieser Hierarchie heißt:

Alles kommt auf dich zurück!

Dieses Gesetz ist nicht nur auf die Natur beschränkt – es gilt in allen Lebenslagen, denn jede Aktion erzeugt eine Reaktion, und es hat jeder Mensch für sich in der Hand, die Reaktionen, die er sich wünscht, zu bestimmen.

Die Regeln für das Zusammenleben der Menschen haben wir im vorigen Kapitel betrachtet – hier geht es jetzt um eine Werteskala, nach der alle Handlungen und Entscheidungen zu bewerten sind. Die Wertung ist nicht in materieller Hinsicht zu verstehen, so wie die Menschheit dies heute tut, sondern bezieht sich rein auf die Einhaltung der Grundwerte einer Gesellschaft. Diese Grundwerte stellen das Allerhöchste dar, wonach sich die Gesellschaft zu richten hat. Keine zehn Gebote mehr, keine heiligen Bücher, mit deren Hilfe die

Menschheit geknechtet wird. Keine Vorschriften für den Einzelnen mehr, jeder kann tun und lassen, was er will – lediglich diese wenigen, grundlegenden Werte sind zu beachten, und das wird allen Menschen sehr leichtfallen, denn diese Grundwerte haben sie in sich bereits verankert.

Wenn wir in die Zukunft blicken und uns fragen, was diese Grundwerte für die Gestaltung des Lebens bedeuten, so sehen wir, dass diese neue Gesellschaft einen sehr tiefen Bezug zu ihrem Planeten, der ihr Heimat gibt, hat und dass sie die Natur schützt und ehrt. Darüber hinaus pflegt diese Gesellschaft einen sehr liebevollen Umgang untereinander, denn durch das Bewusstsein, dass jeder eine Ausprägung Gottes darstellt, gibt es kaum noch Konfliktpotenzial.

Das neue Leben auf diesem Planeten wird in seiner Form mit nichts zu vergleichen sein, was die Menschheit bisher kennengelernt hat. Es wird keine Kriege mehr geben, es wird keinen Hunger mehr geben, es werden überall Menschen einer Arbeit nachgehen, die ihnen Spaß macht und die sie gerne und freiwillig ausführen, ohne dafür eine Gegenleistung zu erwarten. Die Achtung der Menschen gilt ihrer Abstammung und Herkunft, denn sie wissen, dass sie hierher gekommen sind, um in diesem Leben eine Unmenge von Erfahrungen zu sammeln, die zu machen ihnen in Gestalt von Licht und Energie alleine nicht möglich ist, denn durch das Drama des Lebens konnte der Mensch lernen, wie sehr er von der Liebe, mit der er ausgestattet wurde, abhängig ist, um wirklich glücklich zu sein. Diese Liebe ist der Anteil des menschlichen Wesens, den es zu entdecken gilt. Diese Liebe ist die Essenz des Lebens überhaupt, denn keine Mutter würde ihr Kind so fürsorglich aufziehen und ihm alles beibringen, damit es ein gutes Leben führen kann, wenn darin nicht das Allerhöchste zum Ausdruck käme – die Liebe zu ihrem Kind und die Liebe zum Leben.

Alle Zwistigkeiten der Menschen resultierten bisher entweder aus Besitzanspruch oder aus Machtgier. In der 5. Dimension gibt es diese beiden Komponenten in eurem Gehirn nicht mehr, und so wird niemand mehr Macht über jemanden oder irgendetwas ausüben wollen, und niemand wird mehr Lust verspüren, wegen etwas Materiellem einen Streit vom Zaune zu brechen. Nachdem diese beiden Komponenten eliminiert wurden, gibt es keine Streitigkeiten mehr – es verbleibt nur noch die Liebe als einzige und letzte Triebfeder menschlichen Daseins. In der 5. Dimension und in den folgenden Dimensionen, die die Menschheit durchlaufen wird, gibt es nur noch eine einzige Aufgabe zu erfüllen:

„die Liebe in ihren vielfältigen Formen zum Ausdruck zu bringen und sie in jedem Augenblick zu sehen und nach ihr zu trachten."

Das ist die Essenz eures neuen Lebens!

Der liebevolle Umgang der Menschen miteinander wird die großen Auseinandersetzungen weltweit beenden. Neue Abkommen werden geschlossen werden und der Mensch beginnt ein Zeitalter des Friedens. So viele Menschen mussten sterben, so viele Jahrtausende wurde in allen Ecken und Enden dieser Welt Krieg geführt – und wozu? Das ist die entscheidende Frage, die ich euch hier beantworten möchte: Die Kriege dienten allesamt nur einem einzigen Zweck – die Macht über etwas und die Macht über jemanden zu erlangen. Doch wozu diese Macht? Was hat der Mensch davon? Die Antwort liegt in einer sehr einfachen Erklärung: Der Mensch hat Angst – Angst davor, sein Leben zu verlieren – Angst davor, sein Leben nicht mehr finanzieren zu können – Angst davor, in der Gesellschaft sein Ansehen zu verlieren – Angst davor, seinen sozialen Status einbüßen zu müssen – Angst davor, auf der Welt benachteiligt zu werden – Angst davor, die Menschheit könnte untergehen – Angst davor, der Nachbar könnte sich ein größeres Auto leisten können – Angst davor, er könnte seiner Familie nicht beweisen, wie gut er für sie sorgen kann – Angst davor, sich zu übernehmen und den Anforderungen nicht gerecht werden zu können – Angst davor, die ganze Welt könnte untergehen.

Diese Angst hat letztendlich immer etwas mit seiner Existenz zu tun und mit seinem Status in der Gesellschaft. Doch wozu braucht der Mensch diese Angst? Eine gute Frage, die man weiter verfolgen und der man auf den Grund gehen muss: Ängste sind tief im menschlichen Gehirn verankert – sie stammen aus der Urzeit des Menschen, wo er sich vor wilden Tieren in Acht nehmen musste, um nicht deren Beute zu werden. Somit wurde er mit einem Programm ausgestattet, das ihn im Ernstfall mit enormen Kräften und Schmerzlosigkeit ausstattete und ihn im Bedarfsfall so schnell wie möglich fliehen ließ. Diese Urprogrammierung seines Gehirns hat sich im Laufe der Zeit nicht verändert und ist nach wie vor unverändert aktiv. Dieses Zentrum der Angst und des Kampfes will seine Existenzberechtigung unter Beweis stellen und fordert den Menschen immer wieder dazu auf zu kämpfen.

Heute sehen die Kämpfe ganz anders aus – es werden Revierkämpfe nicht mehr in der freien Natur abgehalten, wo jeder sein Jagdrevier abgrenzt und andere daraus mit Gewalt vertreibt – heute werden die Kämpfe entweder bei der Arbeit oder in der Politik, doch immer noch um Territorien, abgehalten. Diese Grundprogrammierung dient heute dazu, einen Feind, der ja gar kein Feind im ursprünglichen Sinn mehr ist, in Schach zu halten und ihm klarzumachen, dass er eine Grenze überschreitet. Andererseits will der Mensch ja seine Grenzen erweitern und somit sind Kämpfe verschiedenster Art vorprogrammiert – das heißt, die Menschen können gar nicht anders, als diese Machtspielchen mitzumachen und ständig neue zu beginnen. Jetzt stellt sich jedoch die Frage: Wie können diese in Zukunft unterlassen werden?

Der neue Mensch, wenn wir ihn nach dem Aufstieg in die 5. Dimension so bezeichnen dürfen, wird eine Umprogrammierung seines Angstzentrums im Gehirn erfahren. Diese wird auf Liebe programmiert. Diese Programmierung dient der künftigen Welt als Basis für die Einheit mit Gott, und diese Basis sitzt dann im absolut Innersten des menschlichen Gehirns, und von dort her wird der Mensch künftig seine Energie beziehen, aus der er die Fähigkeit ableitet, andere Menschen ebenso wie sich selbst zu lieben. So verändert sich das ganze Gefüge der Menschheit in einem sehr kurzen

Zeitraum. Der Prozess der Umprogrammierung hat bereits begonnen, und bald werden die Kämpfer der verschiedensten Unruheherde der Welt verstehen, dass ihr Kampf sinnlos geworden ist, und auch die Absicht, dem anderen Schaden zuzufügen, tritt mehr und mehr in den Hintergrund. Neue Verhaltensweisen beginnen sich zu etablieren, und der Mensch wird sich wundern, wie es nur möglich war, dass man sich auf der ganzen Welt über einen so langen Zeitraum bekriegt hat.

Wenn der Mensch die Umstellung seines Bewusstseins durchlebt hat, dann wird er als ein völlig neues Wesen dastehen, und jeder Einzelne von euch wird sich und seinen Nächsten mit ganz anderen Augen betrachten und feststellen, dass ihr sehr viel gemeinsam habt, auch wenn euer Äußeres manchmal voneinander abweicht. Alle seid ihr ein Teil von Gott, und jeder spürt in dem Moment, wo man sich zum ersten Mal begegnet, sofort diese Quelle, und dadurch wird es all die Kämpfe und Kriege nicht mehr geben. Das könnt ihr euch heute kaum vorstellen, doch denkt einmal darüber nach, wie es wäre, wenn euch alle Menschen so begegnen würden, wie es euer allerliebster Mensch tut, und darüber hinaus keine Erwartungen von Gegenleistungen hätten, das wäre dann bedingungslose Liebe!

In dieser Zukunft leben die Menschen friedvoll miteinander und kümmern sich redlich um die Entwicklung ihrer selbst und die Entwicklung ihrer Mitmenschen – man fördert sich gegenseitig und tauscht erlangte Weisheiten und Erfahrungen aus. Während der Arbeit hilft man sich gegenseitig, und jeder versucht seinen Arbeits-Prozess so effizient wie möglich zu gestalten, und doch bleibt überall zu jeder Zeit genug Freiraum für eine persönliche Begegnung und genügend Zeit, miteinander zu verweilen. Die Arbeitswelt hat sich völlig verändert – wenn jemand eine Idee hat, die er verwirklichen möchte und dafür Unterstützung braucht, wird er dies öffentlich kundtun und seine Vision der Allgemeinheit vorstellen. Seine Absicht wird auf ihre Nützlichkeit für die Allgemeinheit überprüft und auch die Umweltverträglichkeit spielt eine Rolle. Findet das Ergebnis Gefallen, so werden sich entsprechend viele Leute dazu bereit erklären, mitzuhelfen und an dem Projekt bis zu seinem Abschluss mitzuarbeiten. Die erlangten Erkenntnisse werden in der Gruppe ausgetauscht, damit möglichst viele davon profitieren können.

Das Unterhaltungsprogramm der Zukunft besteht nach wie vor aus Filmen, Spielen und dergleichen, doch das Miteinander gewinnt mehr an Bedeutung, ebenso wie der Erfahrungsaustausch. Heute lebt jeder in Abgeschiedenheit und trägt seine Weisheit und Erfahrung alleine zu Bett, anstatt sie freudvoll allen Menschen in seinem Umfeld kundzutun. Diese Komponente des Teilens von Wissen erhält einen sehr hohen Stellenwert, denn die Menschen haben verstanden, dass isoliertes Wissen niemandem, außer vielleicht einem selbst, nützt und so trägt jeder bereitwillig sein Wissen auf der Zunge und stellt es öffentlich und weltweit zur Verfügung. Ein völlig neues Verhalten für die Menschen, die es gewöhnt sind, dass Wissen möglichst geheimgehalten werden muss, um ja nicht einen möglichen Vorteil anderer gegenüber zu verspielen, denn man könnte ja womöglich mit diesem Wissen irgendwann viel Geld machen. Dieser Irrglaube wird abgeschafft, und eine neue Kommunikation zwischen den Menschen entwickelt sich.

Die Menschen werden dadurch sehr intelligent, denn die Vielzahl der Erfahrungen, die sie untereinander austauschen, ermöglicht eine gewaltige Expansion des menschlichen Wissens. Es bilden sich Interessengruppen, die auf ihrem speziellen Gebiet immer stärker zusammenwachsen und ein riesiges Potenzial an Wissen anhäufen, das künftigen Entwicklungen als Grundlage dienen wird. Diese *Think Tanks* sind von unsagbarem Wert, denn sie werden zusätzlich angereichert mit Wissen anderer *Think Tanks* aus weit entfernten Gegenden, die sich mit demselben Thema beschäftigen. Es entsteht ein Pool aus *Know How*, der die ganze Menschheit enorm weiterentwickeln wird. Die Technologie wird einen Quantensprung vorwärts machen, und der Mensch wird von Technologien umgeben sein, die er sich heute nicht einmal vorstellen kann – ein hochtechnisiertes Leben, dem es an Annehmlichkeiten nicht fehlt. Darüber hinaus wird die Energiegewinnung völlig revolutioniert, wir haben euch bereits einige Seiten zuvor angekündigt, dass die Entwicklungen sehr schnell voranschreiten und sehr schnell alternative, umweltverträgliche Energielösungen entstehen werden. Eine große Rolle spielen dabei die Erkenntnisse aus der Mineralogie, denn dort steckt das ganze Potenzial zukünftiger Energieträger – das *Know How* werdet ihr bald entdecken und nutzen lernen.

Außerdem wird der Mensch seine geistigen Fähigkeiten erkennen und feststellen, dass seine Gedanken etwas unbeschreiblich Mächtiges sind: ein Werkzeug zur Schaffung von Realität, das völlig kostenlos und permanent zur Verfügung steht und zu fast allem fähig ist. Darunter ist zu verstehen, dass der Mensch lernt, seine Gedanken einerseits zu zügeln, um seine negativen Gedanken, die ihn so oft von grandiosen Möglichkeiten abgehalten haben, zu eliminieren und andererseits die Visionen, von denen er überzeugt ist, zu bestärken, sodass sie sehr schnell materielle Gestalt annehmen können. Immer schneller entwickeln sich Gedanken in Form von Materie zur Realität. Dieses Kraftwerk im Kopf jedes Einzelnen wird zur Maschinerie der Zukunft. Es wird ausreichen, sich eine gewisse Lebenssituation lediglich vorzustellen, damit diese binnen kürzester Zeit zur Realität wird. Das schöpferische Instrument „Gedanken" werden die Menschen immer gezielter einsetzen, um die gewünschten Erfahrungen in Echtzeit sofort erleben zu können. Die Getrenntheit der noch aktuellen Zeit verhindert diese Fähigkeit, denn nur zu einem minimalen Prozentsatz konnte der Mensch dieses schöpferische Instrument bisher zur Schaffung von Realität einsetzen. Dies ändert sich nun gravierend und der Mensch erfährt dadurch ungeahnte Möglichkeiten, seine Zukunft zu gestalten.

Das nächste Gebiet, auf dem große Fortschritte gemacht werden, ist die Ernährung, denn diese wird revolutioniert wie viele andere Bereiche des Lebens auch. Die Pflanzen, die dem Menschen als Nahrungsmittel zur Verfügung stehen, werden in ihrer Vielfalt wieder deutlich größer, und ihr Ertragsreichtum verändert die

Ernährungsgewohnheiten der Menschen enorm. Durch den Kontakt zu den Nutzpflanzen, welcher gedanklich erfolgt, kann die Pflanze angewiesen werden, wie sie sich entwickeln soll, und diese wird sehr gerne diesen Auftrag erfüllen, denn ihr ist von Gott der Auftrag erteilt worden, dem Menschen zu dienen. Durch die Heilung der Erde wird auch der Ertrag der Pflanzen deutlich erhöht. Stets liebevoll im gegenseitigen Austausch wird das produziert, was der Mensch tagtäglich zum Leben benötigt. Die dafür erforderlichen Flächen sind mehr als ausreichend vorhanden, sodass der Mensch der Natur viele Ackerflächen zurückgeben kann, damit sich diese regenerieren und ihre Artenvielfalt ausbauen kann. Der Mensch wird viele Regionen nicht mehr betreten, um dort der Wildnis ihren freien Lauf zu lassen.

Diese Rückentwicklung der Natur in Richtung Wildnis wird auch die Artenvielfalt der Tiere wieder enorm anwachsen lassen. Eine Vielfalt, wie es in der Schöpfung vorgesehen war, wird sich wieder herstellen und zu neuer Blüte kommen. Der Schutz der Natur wird groß geschrieben, und der Freiraum, der ihr gelassen wird, wird sich zusehends erweitern. Viele Menschen akzeptieren das derzeit nicht und glauben, dass sie in alle Regionen der Wildnis vordringen können, und übersehen völlig, dass sie dort nicht hingehören, sondern dies der Platz für die wilden Tiere ist. Wie deren Name schon sagt, sind diese Tiere wild, und das bedeutet, dass sie vom Menschen unbeeinflusst leben. Diese Tiere sind nicht dazu bestimmt, mit dem Menschen zu leben, sie sind dazu bestimmt, einen anderen Zweig der göttlichen Evolution zu erfüllen. Dessen wird sich der Mensch bewusst werden und Rücksicht auf den göttlichen Plan nehmen.

Es ist eine große Freude für die Menschen, sich mit diesen Dingen näher zu beschäftigen, denn die Neugier der Menschheit ist legendär. Nur dadurch hat sie sich überhaupt entwickeln können. Diese Neugier, alles zu erforschen und auszuprobieren, genau das wird der Menschheit weiter Antrieb sein und ihr ungeahnte Möglichkeiten eröffnen. Alle Bereiche des Lebens werden dadurch weiterentwickelt, und der Mensch wird von sich aus permanent danach trachten, die Evolution voranzutreiben. Eine Gabe, die der Mensch von Gott erhalten hat, denn Gott ist das Leben und Gott ist die Veränderung. Diese Weiterentwicklung wird nie aufhören, so lange bis die vollständige Einheit mit Gott erreicht wird und die Verschmelzung mit der Urkraft des Schöpfers erfolgt. Bis dahin ist es noch ein sehr weiter Weg, und viele Entwicklungsstufen sind zu absolvieren. Doch die Freude über den jetzigen Quantensprung der Gesellschaft auf der Erde wird riesengroß sein und viel Dankbarkeit für diesen Schritt wird das tägliche Leben prägen – Dankbarkeit für die Gaben Gottes und Dankbarkeit, dies alles erleben zu dürfen.

Frage: Du solltest mein strahlendes Gesicht sehen, wenn ich diese Zeilen nochmals lese – so groß ist meine Freude auf all das, was da auf uns zukommt! Ist die Welt tatsächlich so einfach zu verstehen – dreht es sich denn tatsächlich nur darum, alles im höchsten Ausdruck Gottes zu vollbringen – im Ausdruck der Liebe?

Ja, das ist die höchste und einzige Essenz des Lebens, du hast völlig richtig verstanden, und um das in einer Gesellschaft zum Ausdruck bringen zu können, bedarf es keiner Gesetze, die von Menschenhand gemacht wurden, dazu benötigt man keine Waffen, um jemandem Schaden zuzufügen oder um ihn zu töten. Das widerspricht der höchsten Ausprägung Gottes.

Frage: Warum war uns das bisher nicht möglich?

Es war euch durchaus möglich, und ihr tut es jeden Tag, doch ihr unterscheidet, wem ihr diese Liebe zuteil werden lasst und wem nicht. Das ist der einzige Unterschied, den ihr erfahren werdet, denn es geht jetzt nicht mehr darum, einzuordnen, ob der Mensch, der euch gerade begegnet, zu eurem Clan gehört oder nicht und ob ihr ihm mit Respekt und Liebe begegnet oder nicht. Das Wegfallen dieser Einordnung ist die einzige Unterscheidung, die ihr zwischen eurem derzeitigen Leben und dem Leben in der 5. Dimension feststellen werdet.

Genießt genau diesen Unterschied, denn der macht das wahre Leben aus.

Frage: Ich möchte gerne an den Wandel im Bewusstsein der Menschen glauben, und ich bin sogar stark geneigt dazu, dies auch tatsächlich zu tun. In unserer westlichen Welt kann ich mir das gut vorstellen, auch wenn es für viele ungewohnt sein wird, ohne Geld und Gegenleistung etwas zu tun. Meine größten Bedenken habe ich aber in den derzeitigen Kriegs- und Konfliktregionen wie z.B. Irak, Israel, Afghanistan, Pakistan usw., wo soviel Hass, Fanatismus und Aussichtslosigkeit das Leben der Menschen dort prägt und sie dazu veranlasst, sich selbst in die Luft zu sprengen und möglichst viele mit in den Tod zu nehmen. Wie wird es möglich sein, dies in so kurzer Zeit zu verändern?

Du hast Recht, es erscheint euch heute schwer vorstellbar, dass in so kurzer Zeit Kriege weltweit beendet werden können. Doch wie bereits vielfach auf diesen Seiten erwähnt, wird die Bewusstseinsveränderung nicht nur in der westlichen Welt stattfinden – sie wird in den Köpfen aller Menschen auf der Erde vorgenommen, und damit kommen wir auf einen sehr wesentlichen Punkt, den ich grundsätzlich hier eindeutig festhalten möchte. Die Menschen werden diesen Wandel vollziehen – es ist so bestimmt! Die Zeit der Getrenntheit ist vorüber und damit auch die Zeit der Kriege – im Großen und im Kleinen. Die Menschen werden sich verändern, weil dies von der Schöpfung so vorgesehen ist, und der Wandel wird vollzogen werden. Ihr könnt die Anzeichen heute bereits erkennen – sie sind noch klein und wirken schwächlich, doch wenn ihr genau hinschaut, dann werdet ihr erkennen, dass die Machthaber, die all das verursachen und zulassen, zunehmend von der Bildfläche verschwinden und dass sich die Menschen immer öfter von den Greueltaten abkehren und nicht mehr bereit sind, sich dafür herzugeben. Es wird noch etwas Zeit vergehen, bis die Auswirkungen deutlicher zu spüren sein werden, doch eines ist gewiss, die Veränderung kommt und Ende 2012 ist der Prozess vollständig abgeschlossen und die

Menschheit wird ab diesem Zeitpunkt beginnen, anders zu denken und sich in vielen Situationen anders zu verhalten, damit der Ausdruck der Liebe Gottes möglich wird.

Frage: Wie stelle ich mir das vor, werden von einem Tag auf den andern die Menschen ihre Waffen niederlegen und sich um den Hals fallen?

Nein, so wird es nicht sein. Bereits im Vorfeld werden gemäßigte Menschen das Sagen bekommen und mäßigend auf die Konfliktparteien einwirken. Dadurch beginnt sich der ganze Konflikt zu entspannen und die Kämpfe flauen zusehends ab. Friedensgespräche werden geführt und erfolgreich zum Abschluss kommen. Damit beginnt die neue Ära, und schon vor Beendigung des Umstellungsprozesses eures Bewusstseins werden die Kriege ihr Ende finden.

Frage: Du sprichst von gemäßigten Persönlichkeiten, die schon im Vorfeld an die Macht kommen und auf die Konfliktparteien einwirken werden. Ist der amerikanische Präsident Barack Obama einer dieser gemäßigten Führer?

Ja, richtig! Präsident Obama ist einer dieser gemäßigten Führer, doch er ist nicht der einzige – viele andere gemäßigte Kräfte sind bereits weltweit im Einsatz, und viele werden demnächst hinzukommen. Diesen Menschen wird es gelingen, noch im Vorfeld die Welt zu befrieden.

Frage: Wurde ihm deshalb schon im Vorfeld der Friedensnobelpreis verliehen?

Ja, genau dafür wurde ihm quasi im Voraus dieser Preis verliehen – ein Zeichen von Weisheit bei den Menschen, die diesen Preis vergeben. Ein Zeichen der Hoffnung, die die Welt in Präsident Obama setzt. Er wird dieser Hoffnung gerecht werden! Wir unterstützen ihn und alle anderen dabei!

Frage: Verlassen wir das Kriegsgeschehen und kehren wir wieder zum alltäglichen Leben zurück. Wenn jemand eine Vision verwirklichen möchte, dann muss er seine Idee einer Dienlichkeits- und Umweltverträglichkeitsprüfung unterziehen lassen und dafür werben, dass er qualifizierte Helfer gewinnen kann. Wie stelle ich mir das vor, wird er da einen Fernsehspot kreieren oder Flugzettel in die Postfächer verteilen oder wie funktioniert das?

Man sieht, du kommst aus dem Marketinggeschehen der heutigen Zeit gedanklich noch nicht ganz heraus – du musst dir das Ganze völlig anders vorstellen als bisher. Ihr werdet häufig in größeren Gruppen zusammentreffen, wo jeder von seinen Erfahrungen berichtet und über seine Ideen und Visionen spricht. Diese werden in der Gruppe diskutiert und konstruktiv nach den Kriterien eurer neu gewonnenen Werteskala überprüft. Nachdem sehr viel mehr miteinander gesprochen wird als bisher, bedarf es keiner großartigen Werbung oder Flugzettelaktionen. Sehr schnell wird ein Projekt auch den Weisenrat erreichen, und dieser hilft bei der Kommunikation nach außen in die gesamte Region und darüber hinaus, soweit dies erforderlich ist.

Frage: Ich verstehe, dass du uns über die künftige Technologie nicht allzuviel verraten möchtest, denn es wird vermutlich die Zeit dafür noch nicht reif sein, um diese Technologien verantwortungsvoll einzusetzen. Du hast jedoch im Bereich der Mineralien mein Interesse geweckt, und ich bitte dich, uns mehr darüber zu erzählen, damit wir zumindest eine Vorstellung davon erhalten, wie das funktioniert und was wir damit anstellen können?

Die Mineralien sind die Träger allen Wissens dieser Erde. Sie verfügen über sehr viel Energie, die richtig eingesetzt eure Energieprobleme für immer lösen kann. Ihr werdet lernen, diese Energie zu bündeln und daraus Kraftwerke zu entwickeln, die überall auf der Welt einsetzbar sind. Die Sonne wird ebenfalls eine große Rolle spielen, um euch mit Energie zu versorgen, denn die Kombination aus Sonnenlicht und der Kristall-Energie wird euch künftig mit ausreichend Energie versorgen. Mehr möchte ich zum jetzigen Zeitpunkt jedoch wirklich nicht verraten – das ist nur zu eurem Schutz!

Frage: Wir lernen also, unsere Gedanken als Werkzeug zur Schaffung von Realität einzusetzen. Kannst du mir das bitte genauer erklären?

Ihr nutzt eure Gedanken schon seit Anbeginn eures Daseins zur Schaffung von Realität. Das Ganze funktioniert so: Eure Gedanken sind elektrische Signale, die in Form von Licht ins Universum entsandt werden, und von dort bekommt ihr Feedback, ob diese Gedanken für euch von Bedeutung sind oder nicht. Und eure Gedanken sind weltweit im gesamten Netzwerk der Menschheit präsent, so wie die unzähligen Gedanken, die alle Menschen in jeder Sekunde produzieren. Dieses Netzwerk aus Gedanken funktioniert so, dass dann, wenn mehrere Menschen den gleichen Gedanken pflegen, dieser Struktur annimmt und das Bestreben hat, sich in die Realität umzusetzen. Je mehr Menschen den gleichen Gedanken haben, um so eher tritt dieser in Form von Materie in ihre und die Realität der anderen Menschen ein. Dieses Netzwerk aus Gedanken funktioniert absolut zuverlässig, und alles, was jemals gedacht wurde, ist in diesem Netzwerk gespeichert. Daraus lässt sich ein kollektives Gedankenmuster ersehen, und die gesamte Welt steht unter dem Einfluss dieses kollektiven Bewusstseins. Genau das ist die Ebene, an der auch wir jetzt ansetzen und euer Bewusstsein durch die Implementierung von Liebe und der bewussten Göttlichkeit jedes Einzelnen beeinflussen. In dieses Muster werden neue Inhalte eingespeist, und das beeinflusst das kollektive Bewusstsein und die Gedanken beginnen sich mehr und mehr in Form von Materie in eure Realität zu transformieren. Je mehr dieses Bewusstsein in eurem gedanklichen Netzwerk vorhanden ist, umso mehr werdet ihr selbst diese Gedanken pflegen und um so stärker wird das kollektive Bewusstsein, bis es sich mehr und mehr manifestiert hat und nicht mehr wegzudenken ist. Die Abstimmung eurer Gedanken im Universum erfolgt mit euren Begleitern, die permanent bei euch sind und dafür sorgen, dass euch das Leben die Möglichkeit gibt, die gewünschten Erfahrungen zu machen. Diese Schutzengel kreieren aus euren Gedanken eure Realität.

Frage: Verstehe ich das richtig, wenn ich sage, dass das, was ich denke, von meinen Schutzengeln in meine Realität umgesetzt wird und dass das, was wir alle denken, die ganze Welt beeinflusst?

Ja richtig, wenn du denkst, dass du nicht mehr Immobilienverkäufer bist, sondern jetzt Botschafter des Lichts, dann werden deine Schutzengel dafür sorgen, dass du es auch bist. Wenn die Menschheit denkt, dass sie voneinander getrennt ist, dann wird sie es so erfahren, und wenn die Menschheit denkt, dass sie von Gott abstammt und jeder Einzelne eine abgewandelte Ausprägung Gottes darstellt, dann wird das so sein, und wenn ihr denkt, dass ihr alle von Gott abstammt und deshalb seine ganze Liebe in euch tragt, dann wird das so sein. Die Problematik der Menschen heute ist die, dass sie ihre Meinung über das, was sie sind, einfach zu häufig ändern und dadurch, dass sie so viele Versionen ihrer selbst haben, diesen Wirrwarr dann auch erleben. Entscheidet euch, was ihr sein wollt, und ihr werdet es auch sein. Seid, was ihr sein wollt, und es wird Realität. Wenn ihr euch entscheidet, den anderen als getrennt von euch zu betrachten, und ihn deshalb bekämpfen müsst, dann werdet ihr es tun, und wenn ihr entscheidet, euch mit dem anderen als verbunden zu betrachten, dann werdet ihr eine Einheit bilden, und genau das ist die grundsätzliche Veränderung, die auf dieser Welt passieren wird.

Frage: Was hat das dann alles mit einer höheren Schwingung der Erdenergie und der Energie der Menschen zu tun?

Die Menschen pflegen derzeit sehr viele dunkle Gedanken, und deshalb produziert ihr auch so viel Leid auf dieser Welt. Um die niedrig schwingende Energie dieser dunklen Gedanken aufzufangen, führen wir derzeit sehr viel hochschwingende Energie zu, und dadurch hebt sich das ganze Netzwerk aus Schwingungen auf ein höheres Niveau. Wenn dieser Prozess abgeschlossen ist, dann wird das Gesamtniveau deutlich höher liegen und eure Gedanken werden sich viel mehr mit liebevollen Dingen beschäftigen.

Frage: Bedeutet das, dass ich mir dann künftig mein Haus und mein Traumauto, das ich mir schon so lange wünsche, einfach erdenken kann?

Ja, du kannst dich in Zukunft mit deinen Gedanken sehr viel näher an die gewünschte Realität herantasten – wichtig ist, dass du eine gewisse Psychohygiene pflegst und das Ziel wahrhaftig ist und dass du dich nicht wieder im nächsten Moment anders entscheidest, dann wird in absehbarer Zeit dein Haus und dein Auto auch Wirklichkeit werden. Wichtig ist, dass du dich nicht auf dein Haus oder dein Auto alleine konzentrierst, sondern du musst dich darauf konzentrieren und dich auch so verhalten und das darstellen und sein, was die Voraussetzung für das Haus und das Auto darstellt. Das heißt, du musst in Gedanken auch tatsächlich der erfolgreiche Unternehmer sein und nicht ständig an dir zweifeln, dann wirst du auch der erfolgreiche Unternehmer werden, der genug Geld hat, um sich das Haus und das Auto zu kaufen.

In Zukunft werdet ihr euch nicht nur über euer Sein definieren und darüber eure Wirklichkeit erschaffen – in Zukunft könnt ihr über eure Gedanken tatsächlich Materie erschaffen, und das mit nur ganz kurzer Zeitverzögerung. Heute dauern diese Phänomene etwas länger – das liegt an eurem Schwingungsniveau, das dafür noch etwas zu tief liegt. Mit dem höheren Niveau wird das alles viel einfacher gehen, und je höher sich die menschliche Energie emporschwingt – und das wird automatisch passieren, wenn ihr euch in der 5. Dimension des Bewusstseins befindet, desto schneller könnt ihr Materie durch Gedanken realisieren.

Frage: Ich pflege heute regelmäßig Kontakt mit der Welt des Lichts und mit meinen Kristallen und erfahre vom Geist dieser Kristalle allerhand Unterstützung bei meiner Arbeit. Ich wusste nicht, dass wir auch in der Lage sind, mit den Pflanzen auf dem Feld zu kommunizieren und diese beim Wachstum zu beeinflussen. Welcher Voraussetzungen bedarf es, um die Pflanzen in ihrer Entwicklung zu unterstützen?

Die Pflanzenwelt besteht ebenso wie die Welt der Menschen aus einzelnen Individuen, die miteinander in Verbindung stehen, das heißt, die Pflanzen verfügen ebenso wie der Mensch über einen Geist und eine klar definierte Aufgabe. In diesem Falle ist die Aufgabe der Pflanzen, dem Menschen zu dienen, und jede Pflanze in unterschiedlicher Form. Diese Informationen könnt ihr im Kontakt mit den Pflanzen beziehen, und ihr werdet feststellen, dass jede Pflanze einen anderen Auftrag für euch hat, und deshalb ist jede Pflanze wertvoll und verfolgt einen ganz besonderen Zweck. Die Aufgabe, euch zu ernähren, ist einer speziellen Art von Pflanzen zugedacht, die genau dafür ausgewählt wurden – andere dienen als Heilpflanzen und wieder andere als Nutzpflanzen zur Herstellung von Rohstoffen für diverse Konstruktionen. Der Geist der Pflanze verrät euch mehr über seine Aufgabe, und ihr könnt mit ihm den optimalen Standort für seine Entwicklung aussuchen und ihm vorgeben, wohin er sich ausbreiten soll.

Frage: Ich bin überrascht, dass die Menschen ganze Landstriche wieder völlig der Wildnis überlassen. Wie lautet der göttliche Plan für die Wildnis?

Die wilden Tiere, und damit sind durchaus auch Tiere gemeint, die dem Menschen gefährlich werden können, haben eine völlig andere Aufgabe im göttlichen System als der Mensch. Die Tierwelt ist dazu da, um einerseits im Zusammenspiel mit vielen Pflanzen für den Kreislauf des Lebens zu sorgen, ihn zu unterstützen und ständig neue Lebensformen hervorzubringen. Andererseits dienen die Tiere dem göttlichen Plan als Versuchswerkstatt, um Verhaltensweisen zu testen und der Menschheit als Vorstufe zu dienen. So üben sich frisch entstandene Seelen darin, in der materialisierten Form zu leben. Denn ihr müsst wissen, dass es für eine Seele durchaus ein schwieriger Prozess ist, sich in materialisierter Form auf der Erde zu bewegen – das will geübt werden, und dafür ist die Wildnis ein sehr guter Spielplatz für die jüngsten unter den Seelen. In menschlicher Gestalt kommen erst die etwas erfahreneren Seelen zur Welt.

Frage: Welche Flächen werden das auf den einzelnen Kontinenten sein und wie werden diese zur „zivilisierten Welt" abgegrenzt?

Die Flächen werden durch die Weisenräte bestimmt. Welche das sein werden, hängt von verschiedensten Faktoren ab, die heute nicht klar definiert sind. Fest steht, dass sehr große Flächen künftig menschenleer sein werden und der Mensch dort so gut wie gar nicht mehr hineingeht, um die Natur in ihrem Kreislauf unbeeinflusst zu lassen. Eine Abgrenzung im klassischen Sinn mittels Zaun wird es nicht geben – die Grenzen werden sich durch Bergketten und große Flüsse bzw. klimatische Zonen ergeben.

Frage: Heute leben in weiten Teilen Afrikas viele Menschen in sehr armen Verhältnissen als Bauern und Viehzüchter nahe den großen Steppengebieten, die man durchaus heute noch als Wildnis bezeichnen kann. Wird es nach wie vor so eklatant große Unterschiede in der Lebensweise dieser Menschen und unserer zivilisierten westlichen Welt geben, und werden die Menschen nach wie vor dort leben, oder werden sie ihre Heimat der Wildnis überlassen?

Es wird in vielen Gebieten der neuen Welt sehr unterschiedliche Entwicklungsstufen geben – viele Regionen haben zwar die gleichen Möglichkeiten, doch werden die Menschen unterschiedlich entscheiden, in welcher speziell technisierten Stufe sie leben möchten. Viele werden der Natur sehr verbunden bleiben und sehr nahe mit ihr verbunden leben wollen – egal, wieviel Technologie auf dieser Welt zur Verfügung steht. Sie werden unbeeinflusst vom technischen Fortschritt ein naturnahes Leben führen und sich kaum von ihrer gewohnten Art verabschieden. Sie werden lediglich nicht mehr gezwungen sein, z.B. Vieh zu züchten, um damit Geld zu verdienen. Ihre naturnahe Lebensweise ist auch kein Hindernis, nahe der Wildnis weiterzuleben und dort glücklich zu werden. Sollten einzelne Menschen von dort wegwollen und in eine höher entwickelte Gegend wechseln, so werden sie dies uneingeschränkt tun können, doch davon werden nur wenige Gebrauch machen, da der Mensch in seiner Verbundenheit mit der Natur gestärkt und dadurch das Leben in der Natur sehr reizvoll sein wird. Eine große Wanderbewegung wird es nicht geben.

Nachstehend finden Sie einige zu diesem Kapitel passende Botschaften, die ich im Vorfeld und während der Erstellung dieses Buches zur Veröffentlichung auf meiner Website empfangen habe:

Geliebte Menschen, wir segnen euch mit allen Tugenden des Universums. Freut euch auf die Welt der Sorglosigkeit, in der jeder das tun kann, wofür er sich bestimmt erachtet. Niemand wird jemals wieder Einfluss nehmen können auf die Entwicklung des Einzelnen, denn der freie Wille und die uneingeschränkte Entwicklungsmöglichkeit aller ist oberstes Gesetz in dieser neuen Welt! Alle vorhandenen Einschränkungen, die euch heute noch auferlegt werden, werden zusehends verschwinden, und diese Freiheit wird sich sehr schnell manifestieren. Freut euch auf eine neue Gemeinschaft, in der nicht mehr das Gegeneinander, sondern das Miteinander im Vordergrund steht – eine gewaltfreie Zukunft, in der jeder seinem Nächsten nur das Beste will. Freut euch auf eine Art des Zusammenlebens, wo jeder den anderen in seiner persönlichen Entwicklung unterstützt, anstatt ihn daran zu hindern, so wie es jetzt noch häufig praktiziert wird. Eine neue Gemeinschaft, die das Wohl der Natur und des Kollektivs als oberstes Gebot anerkennt und alle Handlungen danach ausrichtet.

Die Welt erfährt durch unsere Botschaften vom nahenden Wandel, der sich in vielen Bereichen bereits jetzt erkennen lässt. Ein Wandel der menschlichen Gedankenstruktur, ein Wandel des menschlichen Horizonts, ein Wandel der Erfahrungsmöglichkeiten, ein Wandel der Struktur eurer Gesellschaft. Bereits 2015 wird eure Gesellschaft eine völlig neue Form angenommen haben und in der Zeit zwischen 2012 und 2015 eine gravierende Restrukturierung erfahren. Die neuen Kräfte dieses Planeten werden zusehends an die Oberfläche treten und euch ein neues Leben ermöglichen, das ihr bisher nicht gekannt habt. Seid vorbereitet auf eine Revolution der Liebe und eine Revolution der Lebenskraft dieses Planeten. Geht hinaus in die Welt und spürt die Änderungen im Energiefeld der Erde. Freut euch über die Erfahrungen, die ihr bald machen werdet, denn die Zeit ist reif für eine große Revolution – eine der ersten, die vollständig friedlich und liebevoll ablaufen wird. Es besteht daher kein Grund, weiter in Angst zu leben, denn die Freiheit, die euch gegeben wird, ist unvorstellbar.

Eine Liebe, wie sie euch bisher nur im allerengsten Familienkreis zuteil wurde – eine Liebe, die ihr für einen Menschen, den ihr zuvor noch nie gesehen habt, noch nie empfunden habt – eine Liebe, die tief in euch steckt und jetzt von keinem mehr bedroht wird. Die Freiheit der Liebe, sich auszubreiten und in jedem Moment des Lebens zum Ausdruck gebracht zu werden. Eine Liebe voll unbeschreiblicher Möglichkeiten, das wird euch zuteil! Schon bald erfahrt ihr weitere Details über das Leben in der 5. Dimension – ganz nah am Bewusstsein über eure Herkunft und euren göttlichen Auftrag. Ihr seid auf dem besten Wege in eine Zukunft, die ihr bisher nur aus euren schönsten Träumen kennt. Es wird eine Erfahrung der besonderen Art, denn so viel Mitgefühl, Verständnis,

Einfühlungsvermögen und Hilfsbereitschaft habt ihr auf dieser Welt noch nicht erlebt. Ein grandioses Verhältnis zwischen den Menschen, den Kulturen und den Rassen entwickelt sich. Das wird die größte Erfahrung eures Lebens, denn ihr seid auserwählt, um am sagenhaften Aufstieg der Menschheit teilzunehmen und die ganze Pracht zu erleben. Seid gegrüßt aus der Welt des Lichts – wir sind mit euch und fördern eure Entwicklung!

Ich wünsche euch, dass ihr versteht, wie sehr wir uns alle darauf freuen, dass die Welt eine so großartige Verwandlung vornimmt! Es ist auch für uns eine erfreuliche Erkenntnis, dass die Menschheit bereits jetzt, noch bevor der Prozess abgeschlossen ist, bereit ist, sich grundlegend neu zu definieren und alle alten Gewohnheiten zu überdenken. Es freut uns, dass ihr begonnen habt, das Leben als Ganzes und auch eure Gesellschaftsform zu hinterfragen und euch darauf einzustellen, dass es eine grundlegende Veränderung geben wird. Diese Änderung ist in vollem Gange und ihr werdet vielleicht die Unruhe in euch verspüren, wenn ihr euer heutiges Leben mit dem vergleicht, was ihr hier gehört habt – eine große Unruhe, die mehr einer Aufbruchsstimmung gleicht, denn der Aufbruch in die 5. Dimension steht bald bevor. Ihr brecht auf in ein neues Zeitalter, das euch dermaßen viele Möglichkeiten eröffnet, von denen ihr bisher nur geträumt habt. Die Erde öffnet sich dem Menschen und gibt Geheimnisse preis, die seit Milliarden von Jahren in ihr auf ihre Entdeckung warten. Diese Geheimnisse werden euch sehr viel mehr von eurem Leben verstehen lassen, und ihr werdet euer Dasein aus einem ganz anderen Blickwinkel betrachten und dadurch sehr viele neue Erkenntnisse erlangen.

Wie kann sich die Menschheit vorbereiten?

Wenn die Menschheit diese Zeilen zu lesen bekommen hat, dann ist es Zeit, den Weg in die 5. Dimension einzuschlagen und ihn zu ebnen. Zu ebnen bedeutet, die Stolpersteine für den Einzelnen aus dem Weg zu räumen, damit der Aufstieg in einem geordneten Prozess ablaufen kann. Dazu müssen wir uns zuerst diese Stolpersteine ansehen, um sie dann aus dem Weg räumen zu können.

Beginnen wir bei der grundsätzlichen Einstellung der Menschen zu diesem Jahrtausend-Ereignis: Der Mensch hat heute das Problem, dass er nur das glaubt, was er selbst sehen und angreifen kann. Also ist einer der wichtigsten Punkte der Vorbereitung der Glaube! Nicht der Glaube an das, was die Religionen seit Jahrhunderten zu vermitteln suchen – kein Glaube an einen Gott, der die Menschen in die Hölle schickt und sie im ewigen Fegefeuer brennen lässt, wenn sie sich etwas zuschulden kommen lassen. Nein, diesen Glauben möchten wir nicht mehr – es geht darum, sehr wohl an Gott zu glauben – doch lediglich an seine Existenz und an seine Güte, Barmherzigkeit und an seine grenzenlose und bedingungslose Liebe für alle Lebewesen im ganzen Universum. Das ist die Grundvoraussetzung, um den Aufstieg nicht nur zu vollziehen, sondern um ihn auch zu verstehen.

Wenn jemand in diesem Buch von uns liest, dann wird er geneigt sein, die Existenz der Erzengel anzuzweifeln, und er wird vermutlich geneigt sein, die Möglichkeit der Kommunikation mit uns anzuzweifeln, und er wird dem Autor dieses Buches die Fähigkeit absprechen, dass er dazu in der Lage ist. Doch was hilft es ihm, wenn er immer alles anzweifelt – dann zweifelt er in letzter Konsequenz an seiner eigenen Existenz und an seiner eigenen Fähigkeit, die Liebe

Gottes in sich zu tragen und sie in jedem einzelnen Augenblick zum Ausdruck bringen zu können. Dieser Zweifel hilft dem Menschen gar nichts – er behindert ihn nur – ebenso wie ihn seine Ängste daran hindern, sich weiterzuentwickeln. Das heißt, der Mensch muss seine Zweifel ablegen und akzeptieren, dass es Gott wirklich gibt – besser noch, er soll endlich akzeptieren, dass Gott ebenso in ihm wie in allen anderen Menschen und Lebewesen steckt. Gott ist überall – der Mensch muss nur endlich lernen, hinzusehen und zu erkennen, wo Gott überall zu sehen ist, dann wird er anfangen, die Herrlichkeit der Schöpfung zumindest annähernd zu erahnen. Alle, die sich davor verschließen, werden zwar den Aufstieg absolvieren und dann erst geöffnet die Herrlichkeit erkennen, doch der Weg dorthin wird sie mit Angst erfüllen und ihnen das Leben vorübergehend schwer machen. Legt die Angst ab, denn ihr könnt nur gewinnen – jeder, der mit Angst an die Sache herangeht, wird die Gelegenheit verpassen, schrittweise zu erkennen, was er zu einem späteren Zeitpunkt dann auf einmal erkennen muss, und das wird ihn sicherlich mehr anstrengen, als jetzt zuzulassen, dass es Gott gibt und ebenso die von Gott beauftragten Erzengel und dass es möglich ist, mit den Wesen des Lichts zu kommunizieren und von ihnen Rat und Weisheit zu erlangen. Viele Menschen weltweit sind dazu in der Lage, und viele Menschen werden ihre Fähigkeit gerne zur Verfügung stellen, um der Menschheit vor Augen zu führen, dass es die Welt des Lichts wirklich gibt – wer nicht daran glauben will, der soll solch einen Menschen aufsuchen, und er wird Erleuchtung erfahren. Es gibt sie überall – fragt eure Mitmenschen, und ihr werdet jemanden genannt bekommen, der diese Erfahrung bereits gemacht hat, und er wird euch den Weg weisen.

Die nächste Voraussetzung ist die Liebe selbst. Die Liebe zu sich selbst – die Liebe zu den Menschen – die Liebe zur Natur und zu Mutter Erde. Wer diese Liebe in sich trägt, der hat bereits gewonnen und den Aufstieg in die 5. Dimension schon so gut wie geschafft. Wer diese Liebe in sich trägt, der wird diese täglich zum Ausdruck bringen und jeden Tag in mehr Situationen als am Vortag. Jeder, der diese Liebe in sich trägt, wird davor zurückschrecken, seinem Nächsten auch nur irgendein Leid zuzufügen. Er wird davor zurückschrecken, sich einen Vorteil auf Kosten seines Nächsten zu verschaffen. Jeder, der diese Liebe in sich trägt, wird sich davor in Acht nehmen, andere dazu anzuhalten, den Anderen zu übervorteilen. Jeder, der diese Liebe in sich trägt, der wird auf gar keinen Fall der Natur Schaden zufügen, und jeder, der diese Liebe in sich trägt, der wird es auch nicht länger dulden, dass anderen und der Natur Schaden zugefügt wird. Er wird aufstehen und der Welt klarmachen, dass das nicht länger sein darf!

Die Menschheit wird mehr und mehr von einer Welle der Liebe überrollt und sie wird gar nicht so recht wissen, wie ihr geschieht. Jeder, der diese Liebe bereits in sich trägt, der wird dies mit großer Freude erkennen und den Prozess fördern. Alle, die dazu noch nicht bereit sind, die werden von dieser Welle aus dem Gleichgewicht geworfen und müssen erst verstehen lernen, was hier gerade passiert. Dieser Prozess wird etwas anstrengend werden, denn dieser Prozess wird die Menschen fordern, und sie werden in ihrem Verhalten hin- und hergerissen sein. Die alten Muster werden sich in der Übergangsphase aufzubäumen versuchen, ehe sie von den neuen Verhaltensmustern überlagert und letztendlich ausgelöscht werden.

Jeder, der diese Liebe bereits in sich trägt, der wird in dieser Phase eine wichtige Rolle spielen, denn er wird all jenen, die noch nicht verstanden haben, worum es hier und jetzt geht, behilflich sein und sie an der Hand nehmen und ihnen Halt geben, so lange bis sie gemeinsam den Schritt in die Liebe vollzogen haben. Diese Menschen sind den Weg nach oben bereits gegangen, und ihr Bewusstsein ist weit offen für die Liebe Gottes, und sie selbst strahlen genau diese Liebe in allen Situationen aus. Sie fungieren als Aufstiegshelfer für die anderen Menschen und geleiten sie in das neue Bewusstsein, indem sie ihnen vorleben, was es bedeutet, ein Teil von Gott zu sein.

Um diese Fähigkeit zu erlernen, bedarf es keiner Schulung oder Seminare – dazu ist jeder bereits heute in der Lage – es geht nur darum, zuzulassen, dass es jetzt an der Zeit ist, die alten Verhaltensmuster loszulassen und die Liebe in den Vordergrund treten zu lassen. Ein Loslassen, das zugleich ein Loslassen aller gewaltsamen Konflikte bedeutet, denn unter dem Zeichen der Liebe sind Kämpfe um Macht und Einfluss nicht mehr möglich, denn Macht über jemanden wird im Zeichen der Liebe nicht mehr angestrebt.

Ein weiterer wichtiger Stolperstein ist die Eigenart der Menschen, alles zu leugnen. Die Menschen verleugnen Gott, sie verleugnen die Existenz und die Fähigkeit der Schöpfung – sie verleugnen die Menschen und deren Fähigkeit, einander mit Liebe und Respekt zu begegnen. Alles wird geleugnet, was nicht mit Zahlen und Fakten belegbar ist. Der Mensch führt Statistiken, die ihm eine Art Sicherheit geben, denn die Zahlen verraten ihm eine Entwicklung, eine Tendenz, die er aus den Zahlen der Vergangenheit ablesen zu können glaubt. Weit gefehlt, denn die Tendenz in die Zukunft ist immer nur Spekulation, und wie oft haben sich die Börsenanalysten in ihren Prognosen schon geirrt – wie oft haben sich die Wirtschaftsanalysten geirrt, und wie oft muss sich der Mensch noch irren, um endlich nicht mehr seine Abstammung von Gott zu leugnen! Hört auf, daran zu zweifeln, und lasst den Gedanken zu – beschäftigt euch mit der Konsequenz dieses Umstands – welche Folgen sind logisch daraus abzuleiten – ihr arbeitet ja so gerne mit Tendenzen für die Zukunft, doch arbeitet ihr mit Zahlen, die euch schon zu oft getäuscht haben. Arbeitet diesmal mit der unumstößlichen Wahrheit der Liebe und leitet die Tendenzen daraus ab, wie sich die Erde entwickeln wird, wenn jeder Mensch aufhört zu verleugnen, dass er ein Teil von Gott ist und dass alle Menschen zusammen in Gemeinschaft mit allen Lebewesen und allen Planeten im Universum Gott als Ganzes darstellen. Was braucht ihr noch, um endlich zu begreifen, dass dies das Einzige ist, das in diesem Universum von Bestand ist, denn alles andere verändert sich – es gibt keine Konstante außer der Konstante der Liebe. Diese Liebe ist so konstant, dass sie in der Lage ist, euch all eure Taten der Vergangenheit, auch wenn sie noch so grauenvoll waren, zu vergeben und sie lediglich als das zu betrachten, was sie sind: Verhaltensweisen in der Getrenntheit von Gott und allen anderen.

Die Menschen haben den halben Weg in die 5. Dimension bereits zurückgelegt. Der verbleibende Weg wird von vielen Veränderungen begleitet sein, denn die Menschheit wird nicht nur in ihrem Bewusstsein verändert – sie wird vor allem beginnen, ihre Handlungen an dem neuen Bewusstsein auszurichten. Dies bedeutet, dass der Mensch ein anderes Verhalten als bisher an den Tag legen wird, und dadurch wird sich die ganze Menschheit verändern. Viele neue Wege werden ausprobiert werden, und alle haben als Basis den Gedanken der Einheit – der Einheit aller Menschen und der Einheit mit Gott. Diese Erkenntnis wird zu Handlungen führen, die den Menschen anfänglich etwas befremdlich vorkommen, und sie werden eine Zeitlang kein Vertrauen in die geänderten Verhaltensmuster ihrer Mitmenschen haben und sich selbst nicht so richtig vertrauen, denn sie wissen nicht, was da eigentlich geschieht. Dieses Vertrauen stellt sich aber langsam ein, und nach einiger Zeit des Beobachtens werden sie erkennen, dass es an der Zeit ist, das Verhalten, das ausschließlich auf der Liebe zueinander aufbaut, nachzuahmen und alle weiteren Handlungen darauf aufzubauen. Ein Prozess, der langsam, aber sicher die ganze Menschheit erfassen wird und mehr und mehr dazu führt, dass sich eine neue Gemeinschaft unter völlig neuen Vorzeichen bildet, die keine Gesetze mehr braucht, die von Menschenhand geschaffen wurden. Es ist der Zeitpunkt gekommen, sich mit den Regeln der neuen Gesellschaft zu beschäftigen und jetzt schon die Tragweite der einzelnen Grundsätze zu bedenken. Diese haben weitreichende Folgen für alle und werden sich zusehends in allen Handlungen zum Ausdruck bringen. Der Mensch ist jetzt bereits gefordert, diese Handlungen in Betracht zu ziehen und seine Überlegungen darauf zu gründen. Ein neuer Verhaltenskodex entwickelt sich daraus, und je früher der Mensch damit beginnt, umso eher wird er sich an die neue Situation gewöhnen.

Eine weitere Voraussetzung für die Vorbereitung des Aufstiegs der Menschheit in die 5. Dimension ist das Loslassen. Das Loslassen alter Ereignisse, denn die Menschen haben sich gegenseitig sehr viel angetan, und im Laufe der vielen Inkarnationen, die jeder Mensch absolviert hat, wurde jeder mehrfach zum Täter und ebenso oft zum Opfer von Verhaltensweisen, die der Mensch an den Tag gelegt hat, um die Erfahrung in der Getrenntheit in vollem Ausmaß auszuschöpfen. Diese Erfahrungen waren nach menschlichem Ermessen oft dramatisch und unverzeihlich. Doch wenn man die Vorkommnisse als das betrachtet, was sie in Wahrheit sind, dann wird man sie aus einem anderen Blickwinkel heraus sehen, den Wunsch nach Vergeltung aufgeben können und sie stattdessen aus dem Blickwinkel der Liebe betrachten. Diese geänderte Perspektive erschließt mannigfache Möglichkeiten, zu erkennen, warum all dies geschehen musste, und der Mensch wird begreifen, dass es jetzt an der Zeit ist, die Getrenntheit zu verlassen und in die Einheit überzuwechseln. Und diese Einheit bedeutet auch, dass jeder seinem Nächsten und allen Menschen die Taten der Vergangenheit vergibt. Es geht nicht um das Flehen um Verzeihung – es geht um Vergebung aus tiefstem Herzen – das wahre Verständnis macht Vergebung möglich, und gepaart mit der Liebe Gottes wird jeder verstehen, dass alle Erfahrungen, die nicht auf Liebe gegründet waren, vergeben werden können – und so wird die Vergebung zur Basis allen weiteren Handelns und dadurch der neue Weg in die Einheit erst möglich.

Die nächste Voraussetzung für den Aufstieg ist die Beendigung aller Kämpfe zwischen den Religionen. Der Mensch hat viele unterschiedliche Religionen hervorgebracht, die zwar alle auf Ereignissen der Vergangenheit basieren, die einen religiösen Kern haben, doch die alle nicht von Gott gegeben wurden, sondern vom Menschen gemacht sind. Diese Religionen waren niemals Ziel von Gott, und auf gar keinen Fall wollte er, dass in seinem Namen anderen Völkern eine Religion aufgezwungen wird – viele wurden quasi zwangsbekehrt. Im Namen Gottes wurde schon zuviel gemordet und Gewalt über die Menschen gebracht – im Namen Gottes wurden ganze Kriege geführt, und bis heute gibt es Gotteskrieger, die glauben, die Inhalte eines jahrhunderte alten Buches seien das Gesetz Gottes.

Diesen Kriegern sei gesagt, dass es keinen Sinn macht, seinesgleichen zu ermorden, denn es verhindert keineswegs, dass diese ermordeten Menschen gleich wieder zur Erde kommen können und ihr Erfahrungswerk fortsetzen. Sie bringen lediglich sich selbst um die Möglichkeit, die ganze Liebe Gottes am eigenen Leib zu spüren. Es ist schade um jede einzelne Bemühung, dem Anderen einen Schaden zuzufügen, denn Gott wird deswegen keinen Unterschied machen, ob jemand einen Märtyrer-Tod gestorben ist oder ob jemand durch eine Bombe eines Fanatikers zerfetzt wurde. Gott kennt keinen Unterschied zwischen den einzelnen Religions- und Glaubensgruppen. Für Gott sind alle gleich, und alle sind Gotteskinder, die zu dieser Welt geschickt wurden, um Erfahrungen zu sammeln. Erfahrungen zuerst in der Getrenntheit von Gott und nun Erfahrungen in der Einheit mit Gott – das ist alles! Nichts gibt es dem hinzuzufügen, denn alle zusammen sind Gott und Gott ist die Liebe!

Die Religionen haben unterschiedliche Ansätze, doch alle haben das gleiche Ziel – die Ehre Gottes! Wenn die Religionen Gott ehren möchten, dann sollten sie es auch wirklich tun und die Geschöpfe Gottes als das betrachten, was sie sind! Alle Menschen, die gesamte Tier- und Pflanzenwelt, die Mutter Erde, die Sonne und alle Planeten im Universum sind Geschöpfe von Gott, und als solche sollten alle Religionen sie ehren. Jemanden zu ehren, bedeutet nicht, ihn mit in den Tod zu nehmen oder ihn zu erniedrigen – es bedeutet, ihm mit Respekt und Liebe zu begegnen, und Liebe bedeutet nichts anderes, als für den Nächsten das Allerbeste zu wollen – das Allerbeste wie für sich selbst! Das wäre Ehre für Gott, und das soll an dieser Stelle allen Kriegern, die glauben, im Auftrag von Gott oder Allah oder wie die Religionen ihn auch bezeichnen mögen, zu handeln, gesagt sein. Handelt ab sofort im Namen Gottes und ehrt die Geschöpfe Gottes so wie euch selbst. Es ist keine Ehre, wenn ihr mit einem Sprengstoffgürtel bewaffnet in eine Menschenmenge tretet und diese in den Tod reißt – das ist lediglich eine Missachtung eurer selbst, und ihr seid ein Teil von Gott. Nehmt diese Worte als Vorbereitung für den Aufstieg der Menschheit in die 5. Dimension.

Die nächste Vorbereitung auf den Aufstieg ist eine leichte Übung. Übt euch in Gelassenheit. Gelassenheit bedeutet, sich Zeit zu nehmen, um Ereignisse in Ruhe aus verschiedenen Blickwinkeln zu betrachten, um den tieferen Sinn darin zu erkennen. Nehmt euch die Zeit, festzustellen, warum gerade dies jetzt passiert ist, und schaut genau hin, denn ihr könnt in jedem Ereignis eine tiefgründige Absicht erkennen. In jedem Ereignis, das euch widerfährt, steckt eine Botschaft – eine Botschaft von Gott. Diese Botschaften sind manchmal auf den ersten Blick nur schwer zu erkennen, und oft kommt euch erst Jahre später die Erkenntnis daraus. Übt euch in Gelassenheit, denn je früher ihr die Botschaft erkennt, desto früher könnt ihr daraus euer künftiges Verhalten ableiten und schneller zu Weisheit gelangen.

Die nächste Übung ist die Übung der Liebe. Übt, die Liebe zu erkennen, die in allen Situationen steckt. Schaut genau hin, wo Gott seinen Anteil der Liebe eingebracht hat, und ihr werdet sie erkennen. Eine wahrlich schwierige Übung, denn ihr habt bislang jede Situation, die euch widerfahren ist, nach Gesichtspunkten bewertet, die euer persönliches Befinden – ausgedrückt über euer Ego – betreffen. Dadurch fühltet ihr euch häufig schnell persönlich angegriffen und beleidigt – weil ihr die Liebe in dieser Situation nicht beachtet habt. Sie war und ist überall vorhanden, doch müsst ihr lernen, sie zu entdecken, denn dadurch werdet ihr sehr schnell hinter alle Situationen blicken und die tiefgründige Botschaft der Liebe in Empfang nehmen können. Außerdem wird eure Reaktion ebenfalls auf Liebe gegründet sein und ihr werdet nicht mehr geneigt sein, Vergeltung für die Verletzung eures Egos zu üben. Wie gesagt eine wahrlich schwierige Übung, die die Übung des Loslassens mit einschließt.

Die Erde hat einen ganz speziellen Auftrag – sie ist die Heimat der Menschen, Tiere, Pflanzen und von vielem mehr, doch sie ist auch die Heimstatt von vielen Erkenntnissen über Millionen von Jahren hinweg – gesammelt in den größten Datenspeichern, die euch Menschen zur Verfügung stehen. Die Kristalle speichern das ganze Wissen der Erde, und dieses gesamte Wissen steht euch zur Verfügung – ihr müsst nur reinen Herzens sein, um darauf zugreifen zu können. Dieses Wissen steckt in den riesigen Kristallen der Erdkruste und im Mutterkristall im Zentrum der Erde. Ihr könnt dieses Wissen benutzen, um an unsagbar viele Informationen zu gelangen. Die Erde wird euch nach und nach dieses Wissen preisgeben und euch in ihre Geschichte einweihen. Darin gespeichert ist das gesamte Wissen des Universums über die Entstehungsgeschichte der Erde. Die Kristalle verraten euch diese Geschichte. Doch müsst ihr darauf vorbereitet sein, und ihr müsst lernen, mit diesen Kristallen in Kontakt zu treten. Im Laufe dieser Erörterungen wurde das Thema bereits einmal aufgegriffen, doch jetzt möchte ich euch verraten, wie ihr euch darauf vorbereitet, Zugang zu diesem unvorstellbaren Datenspeicher zu erhalten. Dies wird etwas Zeit in Anspruch nehmen, doch wenn ihr bereits heute damit beginnt, dann werdet ihr sehr bald nach dem Aufstieg in die 5. Dimension vollen Zugriff auf die gesamte Geschichte erhalten. Eine Zeitreise über Milliarden von Jahren – eine phantastische Welt wird sich euch eröffnen und die Gelegenheit geben, alles zu erfahren, was jemals auf dieser Erde geschehen ist.

Jeder Kristall auf der Erde hat einen Geist, und alle Kristalle stehen miteinander in Verbindung. Dieser Geist ist der Wächter des Wissens, das in ihm gespeichert ist. Dieser Geist entscheidet, ob jemand reinen Herzens ist, um auf das in ihm gespeicherte Wissen zugreifen zu können. Diese Prüfung wird sehr sorgfältig durchgeführt, und der Kristall wird euch beim ersten Kontakt liebevoll gegenübertreten, doch Informationen bekommt ihr erst nach geraumer Zeit, wenn er überzeugt ist, dass ihr tatsächlich reinen Herzens seid. Das Wissen, das er in sich birgt, ist nur ein Teil des Gesamtwissens der Erde, doch kann er euch den Weg zu weiteren Informationsquellen bereiten, die ihr zu hören wünscht. Diese Informationsquellen bestehen aus weiteren, größeren Kristallen, die wiederum mit anderen Kristallen ihr Wissen aufgeteilt haben. So ist jeder Kristall nur ein Teil des Gesamten und alles Wissen verteilt sich auf unzählige Kristalle. Wird ein Kristall aus irgendeinem Grund durch äußere Einflüsse zerstört, so gibt er blitzschnell sein gespeichertes Wissen weiter, damit es nicht verloren geht. Letztendlich ist der Mutterkristall die Quelle allen Wissens, doch um dorthin vordringen zu können, bedarf es einiger Voraussetzungen, die ihr kennen müsst.

Die erste Voraussetzung habe ich euch bereits genannt, das ist die Reinheit des Herzens, denn wenn nur der geringste Verdacht besteht, dass dieses Wissen missbraucht wird, dann bleibt es euch verschlossen. Außerdem ist es notwendig, dass ihr erfahrt, wie man mit dem Geist eines Kristalls in Verbindung tritt. Das geschieht im Prinzip sehr einfach, und ebenso könnt ihr mit jeder Pflanze, jedem Baum in Verbindung treten und von ihm sein Geheimnis erfahren und euch helfen lassen. Diesen Kontakt stellt ihr her, indem ihr euch konzentriert und alle eure Gedanken ausschaltet, dann bittet ihr um Kontakt zu dem Kristall, und ihr werdet energetisch eine Verbindung spüren, die euch die Verbindung bestätigt. Ein körperlich wahrnehmbarer Energiefluss, der euch angenehm durchströmt – somit ist die Verbindung bereits hergestellt. Jetzt geht es darum, den Geist anzusprechen und ihn zu bitten, mit euch in Verbindung zu treten, was er normalerweise auch bereitwillig tun wird. Schon besteht der Kontakt, der ebenso verbal stattfindet wie auf allen anderen Wahrnehmungsebenen, die euch bewusst zur Verfügung stehen. Ihr werdet über alle Sinne angesprochen, doch über euren Hauptkanal werdet ihr Zugang bekommen und euch mit dem Geist unterhalten können, so wie ihr es mit einem Menschen tut. Der Geist wird auf eure Bitte um eine Konversation sofort reagieren und auf eure Fragen entsprechend antworten. Wenn dies geschafft ist, dann könnt ihr sehr viel mehr noch machen, doch erst einmal langsam, denn der Kontakt braucht Zeit, und ihr könnt am besten über ein Buch mehr über euren Kristall erfahren und wofür ihr ihn am besten einsetzen könnt, denn jeder Kristall hat eine andere Aufgabe bekommen, die er bereitwillig ausführt, wenn er darum gebeten wird. Ein sehr liebevoller Dialog wird möglich, und ihr könnt eurem Kristall Aufträge erteilen, und er wird euch Rückmeldung geben, ob dieser Auftrag für ihn ausführbar ist, und dann könnt ihr ihn arbeiten lassen und euch darauf freuen, wie zuverlässig seine Arbeit ausfällt.

Wenn ihr erst einmal geübt seid im Kontakt zu eurem Kristall, dann könnt ihr ihn fragen, wonach euch auch immer ist, und er wird das gespeicherte Wissen zur Verfügung stellen und euch anleiten im richtigen Umgang damit. Alle anderen Informationen, die er nicht gespeichert hat, befinden sich in anderen Kristallen und er wird euch mit auf eine Reise nehmen, die um die gesamte Erde führen kann, wenn ihr das möchtet. Auf dieser Reise erhaltet ihr Kontakt zu unzähligen anderen Kristallen, die ebenfalls über einen Geist verfügen, und auf diese Weise könnt ihr das gesamte Wissen der Erde für euch nutzen. Dieses Wissen wird euch in viele Geheimnisse einführen, die die Menschheit seit Jahrtausenden zu entschlüsseln versucht. Ein Experiment, das jeder von euch in Angriff nehmen kann – ihr müsst lediglich die genannten Voraussetzungen erfüllen.

Auf dieser Reise werdet ihr in Zeitalter vordringen, von denen ihr jetzt nicht einmal annähernd eine Vorstellung habt, und ihr werdet feststellen, dass die Zivilisation auf der Erde bereits zu sehr viel früheren Zeiten, als ihr denkt, äußerst hochentwickelt und hochtechnisiert war. Diese alte Zivilisation hatte diese Technologie jedoch nicht so angewandt, wie sie gedacht war, und hat sich damit selbst vernichtet. Damit dies nicht noch einmal passiert, werdet ihr zuvor den Aufstieg in die 5. Dimension machen um nicht Gefahr zu laufen, diesen Unsinn erneut zu begehen.

Frage: Ich fühle mich im Augenblick nicht in der Lage, eine Frage zu stellen – irgendwie bin ich so überwältigt, dass mir keine Frage mehr einfällt. Irgendwie sind mir die banalen Fragen des täglichen Lebens ausgegangen, weil all das, was wir hier geschrieben haben, mich in eine Position gebracht hat, aus der ich das ganze Geschehen differenzierter und emotionsloser betrachten kann. Wie ist das möglich?

Es ist der Zeitpunkt erreicht, wo das hier Geschriebene beginnt, in dein Bewusstsein einzufließen und sich nach und nach das neu erlernte Muster verankert. Allmählich entwickelst du neue Verhaltensweisen und wirst dich in Liebe zu deinem Nächsten wiedererkennen. Allen, die dazu noch Fragen haben, sei gesagt, dass es vielleicht noch ein paar Bereiche geben mag, die noch leicht verschleiert erscheinen mögen, doch im Grunde ist alles gesagt. Wer dennoch Fragen hat, der möge sich diese jetzt aufschreiben und diesen Zettel genau hier an dieser Stelle in das Buch legen und in einigen Tagen diesen Zettel wieder herausnehmen, um die Fragen zu lesen. Er wird feststellen, dass sich die Fragen mittlerweile von selbst beantwortet haben. Es ist ohnedies sehr empfehlenswert, dieses Buch noch einmal zu lesen, denn der Inhalt ist sicherlich ungewöhnlich genug, als dass man ihn zur Gänze nach dem ersten Lesedurchgang verstehen könnte. Deshalb ist das Buch auch kurz gehalten, und wir haben auf ausschweifende Formulierungen absichtlich verzichtet und uns auf das Wesentliche konzentriert. Es sollte somit auch keinen besonderen zusätzlichen Zeitaufwand bedeuten, dieses Buch erneut zu lesen.

Nachstehend finden Sie einige zu diesem Kapitel passende Botschaften, die ich im Vorfeld und während der Erstellung dieses Buches zur Veröffentlichung auf meiner Website empfangen habe:

Es wird eine große Freude, euch in unserer Welt begrüßen zu können! Wir aus dem Licht stehen bereit, euch in Empfang zu nehmen. euch fehlt derzeit nur noch die richtige Schwingungsfrequenz, um auf all das Wissen der Vergangenheit zugreifen zu können. Der Aufstieg in die nächste Dimension ist ein großer Schritt für die Menschheit. Dieser Weg wird von uns gut vorbereitet. Es fehlt uns auch noch ein kleiner Beitrag euerseits. Beschäftigt euch bereits jetzt mit dem Leben in der 5. Dimension, dann wird es ein Spaziergang dorthin, wo das Leben viele neue Facetten für euch bereit hält. Denkt daran, dass ihr alle zusammengehört – denkt daran, dass ihr alle eins seid – ihr alle stammt aus derselben Quelle. Freut euch darauf, so wie die Quelle selbst als Schöpfer auftreten zu können. Ihr tut dies bereits heute, doch ihr wisst nicht, in welchem Ausmaß das für euch möglich ist. Eure Gedanken sind der Schöpfungs-Ursprung – denkt euch diese Welt so, wie ihr sie haben wollt. Willkommen in der 5. Dimension – dann seid ihr angekommen.

Liebe Menschen auf Erden, ihr habt einen ersten Eindruck bekommen, wie das Leben in der 5. Dimension funktioniert. Es wird euch eine gewisse Anstrengung erfordern, euch im Geiste auf die kosmischen Wahrheiten einzulassen, doch diese sind der Schlüssel zur 5. Dimension! Beschäftigt euch mit der Tragweite des Umstandes, dass ihr alle eins seid und dass ihr alle zusammen Gott seid – mit all seiner Barmherzigkeit, und dass ihr auf dieser Welt über ausreichend Ressourcen verfügt, um für alle Erdenbürger ein Auskommen zu haben. Der Umstieg in die 5. Dimension passiert rein in eurem Bewusstsein, das eine entsprechende Ausweitung erfährt. Um euch darauf vorzubereiten, wäre es sehr hilfreich, wenn ihr entsprechende Literatur studiert, damit ihr gut gerüstet in das neue Zeitalter aufbrechen könnt. Beschäftigt euch damit und führt Diskussionen untereinander, denn so verändert ihr die Welt schon heute. Ihr könnt getrost darauf vertrauen, dass wir – die Engel des Lichts – euch jederzeit zur Seite stehen, so wie wir es jetzt bereits jeden Tag und in jeder Sekunde tun. Achtet darauf und ihr werdet erkennen, wie wir euch tagtäglich durch das Leben begleiten – hört auf unsere Hinweise, die in vielfältigster Form in Erscheinung treten, und ihr werdet wissen, dass wir hier sind!

Die Welt befindet sich im Wandel – die ersten Menschen haben ihr Bewusstsein bereits geweitet und beginnen sich in ihrem Geiste eine neue Welt zu erschaffen. Je mehr Menschen diesem Beispiel folgen, desto schneller wird sich der Wandel in den Köpfen der anderen Menschen vollziehen. Eine sogenannte kritische Masse (= Anzahl der Menschen, die benötigt wird, um den Wandel einzuleiten) wird bald erreicht sein, um den Aufstieg der gesamten Menschheit zu garantieren. Ich ermutige euch dazu – beschäftigt euch mit den kosmischen Wahrheiten und lest die Bücher, die euch auf dieser Website empfohlen werden – alles andere ergibt sich dann von selbst. Wir erwarten euch bereits in der Welt des Lichts, damit wir jedem Einzelnen in seiner persönlichen Entwicklung beistehen können. Der Wandel wird vollzogen werden – und alle sind davon betroffen –, je früher ihr damit beginnt, desto einfacher wird sich der Wandel gestalten. Seid unbesorgt – wir sind immer für euch da!

Geliebte Völker dieser Erde, eure Vielfalt ist eine Laune der Natur, die euch liebt und ehrt! Genau diese Natur wünscht sich von euch ein Entgegenkommen, das ein erster Schritt auf die neue Vereinigung zwischen Mensch und Natur zu sein könnte. Die Natur wünscht sich von euch mehr Respekt vor ihrer Schönheit und Vielfalt – achtet darauf in jedem Augenblick, wenn ihr euch in der Natur bewegt. Achtet bei allen euren Handlungen auf die Bedürfnisse der Natur – nehmt sie wahr und seht mit offenen Augen die ganze Pracht! Der Mensch und die Natur sind untrennbar miteinander verbunden und jede Missachtung der Natur ist eine Missachtung der Menschheit! Gebt acht auf euch selbst und trachtet danach, der Natur das zurückzugeben, was ihr entnommen habt. Ihr braucht die Natur, um weiter existieren zu können, um weiterhin Nahrung zu erhalten und mit frischem Trinkwasser versorgt zu sein. Ohne die Natur gibt es auch keine Menschen – ihr seid eins! Respektiert die Natur und ihr habt damit Respekt vor euch selbst.

Meine lieben Erdenbürger, geliebte Abgesandte der göttlichen Macht, ich grüße euch aus dem Licht und bringe frohe Botschaften. Ihr werdet zusehends höher schwingend und zusehends höher entwickelt in eurem Bewusstsein. Das hat Auswirkungen auf euer gesamtes Leben, euer Umfeld und euren Planeten. Die Erden-Welt verändert ihre Schwingung so sehr, dass das ganze Universum auf die Veränderungen blickt und sich sehr über ihre Entwicklung freut. Euch wird eine neue Lebenseinstellung gegeben und ihr erfahrt dadurch eine unglaubliche Steigerung der Freude eures Daseins. Geht in euch und prüft die Schwingung eures Innersten, und ihr werdet ein angenehmes, warmes Gefühl in eurer Seele spüren, geht in euch und ihr werdet die Liebe Gottes in euch spüren, geht in euch und ihr werdet feststellen, dass ihr ebenso wie alle anderen Menschen ein Teil von Gott seid. Dieses Bewusstsein wird sich mehr und mehr in euch ausbreiten und sehr bald euer gesamtes Wesen in Besitz nehmen. Geht in euch und unterstützt den Prozess dadurch, dass ihr die Veränderungen wahrnehmt und sie willkommen heißt. Euer neues Wesen etabliert sich und gewinnt die Oberhand. Das Vergangene bleibt erhalten, doch wird es transformiert und in Weisheit umgewandelt, die euch euer ganzes Leben zur Verfügung steht. Seid willkommen in der Einheit – seid willkommen in der 5. Dimension.

Eure Wegbegleiter wurden angewiesen, sich mit euch in Verbindung zu setzen und mit euch ein Ritual zu vollziehen, um die Veränderungen eures Wesens einzuleiten. Dieses Ritual vollzieht ihr in der Nacht, während ihr in der Welt der Träume verweilt. Es wird euch stärken und euch zusehends dabei unterstützen, dass ihr die Veränderung wahrnehmen könnt, die schon seit geraumer Zeit in euch vorgeht. Langsam nähern wir uns dem Punkt, wo Teile des neuen Bewusstseins aktiv werden und euer Wesen zu verändern beginnen. Eine neue Einheit auf göttlichem Niveau entsteht, und ihr könnt alle negativen Erfahrungen hinter euch lassen und als Erfahrungsschatz mitnehmen, damit ihr die Dualität, in der ihr derzeit lebt, verstehen könnt. Die Dualität kennt wie gesagt zwei Seiten, und es ist jetzt der Zeitpunkt gekommen, sich für die Seite Gottes zu entscheiden. Entscheidet euch für die Liebe, und die dunkle Seite eures Wesens wird in den Hintergrund gedrängt. Die lichte Seite wird die Oberhand gewinnen und euer Wesen erneuern. Lasst euch überraschen, wie sehr ihr diese Veränderung spüren werdet – der Prozess hat bereits begonnen, und Schritt für Schritt werdet ihr die nächste Zeit vorankommen, und bald ist der Zeitpunkt erreicht und ihr werdet ein helles Licht ausstrahlen, das alle Wesen des Lichts kennzeichnet. Ihr werdet erfüllt sein von Liebe und das Bedürfnis verspüren, diese Liebe zum Ausdruck zu bringen.

Liebe Erdenbürger, geliebte Abgesandte Gottes auf dieser Erde, geliebte von Gottes Gestalt abstammende Bewohner dieses wunderbaren Planeten! Ich grüße euch aus dem Licht und freue mich, dass ihr so friedfertig auf das große Ereignis zusteuert, das euch in wenigen Tagen einen weiteren Schub an Erkenntnissen bringen wird. Die Erde erhält einen weiteren Energiestoß in ihr Energiefeld und die globale Struktur eures Gedankennetzwerks wird sich weiter verändern. Die Auswirkungen werden immer mehr spürbar, denn zusehends werden Missstände in eurer Gesellschaft ans Tageslicht kommen und die Verantwortlichen ihrer Macht enthoben. Ein Wandel, der in allen Gesellschaftsschichten vollzogen wird, formt das Zusammenleben der Menschen neu. Bereitet euch darauf vor und kümmert euch verstärkt um die Hygiene eurer Gedanken – vermeidet dunkle Gedankengänge und erfüllt jeden Moment eures Daseins mit dem Licht der Liebe. Das ist die beste Vorbereitung, die ihr euch und eurem Planeten zuteil werden lassen könnt.

Geliebte Erdenbürger, seid gesegnet mit der Liebe Gottes! Ich freue mich besonders, denn die Zeit naht – wir werden in Kürze wieder einen Schub Energie auf die Erde und die Menschen richten und die Schwingung weiter erhöhen, denn die Zeit des Übergangs wird sehr bald in die nächste Phase eintreten. Eine Phase, in der die Menschen spüren werden, dass sich etwas im Leben verändert. Ein Gefühl, das ihr noch nicht so recht deuten könnt, doch es beginnt sich eine Art Aufbruchstimmung in euch breit zu machen und alle Menschen werden langsam verstehen, dass es ein Ende dieser Epoche geben wird – ein Ende, das sehr bald die Getrenntheit beendet und Platz macht für einen völlig neuen Abschnitt der Menschheitsgeschichte, in dem alles ganz anders werden wird. Es ist ein großer Schritt vorwärts und ein großer Sieg der Liebe. Alle dumpfen Schwingungen der negativen Gedanken und Ängste werden sich erhöhen, und dadurch wird soviel Aufarbeitung geschehen, wie es die Menschen nie für möglich gehalten hätten. Die nächste Zeit werdet ihr alle eure unerledigten Erlebnisse aufarbeiten und dafür sorgen, dass an die Stelle des Hasses die Liebe treten kann. Es wird für euch eine große Freude, denn so lange verschwiegene Geheimnisse kommen an die Oberfläche und geben ihr Potenzial zur Bewältigung und Transformation frei – Transformation zur Liebe und zur höchsten Schwingung, die ihr zu erzeugen vermögt. Es wird hart für euch, all die alten Dinge wieder hervorzukramen und aufzuarbeiten, doch werdet ihr erleben, dass die Erledigung der alten Angelegenheiten Unmengen von Energie freisetzt – Energie, die ihr für die Liebe zueinander nutzen könnt. Geht hin und öffnet euch – öffnet euer Herz und lasst Frieden einkehren!

Geliebtes Volk dieser Erde, eure Zeit in der Getrenntheit von Gott neigt sich dem Ende zu – ihr werdet sehr bald die Einheit mit Gott und allen Geschöpfen erfahren und dadurch ein großes Wachstum verspüren. Ein Wachstum eures Bewusstseins und ein Wachstum eurer Weisheit. ihr werdet sehr bald die neuen Gedankenmuster in euch manifestieren und dadurch eine völlig neue Herangehensweise an die bisher schwierigen und essentiellen Dinge des Lebens entwickeln können. Schaut voraus und entscheidet, ob euch das Verhalten, das ihr an den Tag legt, auch tatsächlich dienlich ist. Dienlich nicht im Sinne von mehr Geld, Macht oder Einfluss, sondern dienlich im Sinne eures persönlichen Wachstums und eines friedlichen Miteinanders. Freut euch, wenn ihr erkennt, dass die Menschheit nicht nur von Geld und Macht angetrieben wird – freut euch, wenn ihr erkennt, dass die Menschheit von der Liebe zueinander und der Liebe zur Natur motiviert wird. Diese Motivation hat eine viel höhere Schwingung und wird sich deshalb immer leichter und schneller im immer höher schwingenden Energiefeld der Erde manifestieren können. Es wird eine Revolution der Liebe und des Herzens! Es wird für euch definitiv ein Aufstieg – ein Aufstieg, der euch in die lichten Höhen eurer Möglichkeiten bringen wird. Ihr hört auf zu kämpfen und sorgt euch viel mehr um euren Nächsten und um dessen Wohlergehen. Eine Revolution des Bewusstseins auf der ganzen Erde!

Es ist an der Zeit, euch mit dem neuen Gedankengut anzufreunden, denn die Welt ändert sich zusehends immer schneller – ihr könnt wahrlich jeden Tag eure Einstellung zum Leben überprüfen und dabei feststellen, dass sich immer mehr die Wärme des Herzens in euch bemerkbar macht – die Wärme der Liebe zum Leben. Auch eure Werte ändern sich. Ihr seid auf dem Weg in die nächste Dimension des wahren Bewusstseins – eine Dimension, die euch ungeahnte Möglichkeiten eröffnet. Es werden immer mehr Menschen auf der Erde von dieser Wärme des Herzens erfasst, und sie alle beginnen zu hinterfragen, ob das bisherige Verhalten und die bisherigen Ideale eurer Gesellschaft noch sinnvoll sind. Euch wird immer mehr bewusst, dass ihr aufhören müsst, euch gegenseitig zu schaden und um den eigenen Vorteil zu kämpfen. Ihr werdet sehr bald beginnen mit der Revolution eurer Gedanken, und ihr werdet die negative Seite mit den niederen Schwingungsfrequenzen nicht länger zulassen. Eure Gesellschaft bringt dadurch alle noch im Verborgenen schlummernden Ereignisse ans Licht, und ihr werdet feststellen, wie sehr die Getrenntheit euch zu Taten veranlasst hat, die ihr jetzt anhand der aufgedeckten Skandale erkennen könnt. Betrachtet diese als Erfahrungen der Getrenntheit und als nichts anderes. Sie dienen euch jetzt nur zur Veranschaulichung dessen, was die Getrenntheit bedeutet hat, und lassen euch erkennen, was die Einheit, auf die ihr mit großen Schritten zusteuert, für euch bedeutet und wie hochfrequent die Schwingung in der 5. Dimension sein wird.

Geliebte Abbilder unseres Schöpfers – ihr seid auf dem Weg in eine Welt, die euch völlig neu definieren lässt, wer ihr seid! Ihr werdet euch auf der Seite, auf der ihr euch zur Zeit noch befindet, nicht wiedererkennen, denn ihr werdet auf der anderen Seite des Bewusstseins zurückkehren in die Einheit mit Gott und dem gesamten Universum. Auf der Reise dorthin werdet ihr in sehr kurzer Zeit Unmengen von Erfahrungen sammeln, die euch beim Übertritt in die neue Ebene des Bewusstseins hilfreich sein werden. Nehmt diese Erfahrungen der nächsten Zeit dankbar an und bewertet sie als dienliche Gedankenstützen, um den Weg in die Einheit ganz alleine finden zu können. Ihr werdet diesen Weg vorerst als etwas beschwerlich empfinden, weil eure Ängste euch noch immer begleiten – eure Ängste vor dem Verlust eurer sozialen Stellung und eurer Existenz, doch seid versichert, dass euch diese Ängste nicht mehr dienlich sind, denn sie halten euch nur davon ab, in die nächst höhere Bewusstseinsebene vorzudringen. Seid versichert, dass nichts und niemand euch von diesem Aufstieg abhalten kann. Es ist eine Welt der absoluten Friedfertigkeit und eine Welt der Liebe, die auf euch wartet. Geht dorthin und beweist, dass ihr schon jetzt in der Lage seid, in dieser gedanklichen Dimension zu leben. Beweist es den anderen und seid ein Vorbild, dann profitiert ihr bereits jetzt von den Vorzügen der Zukunft. Seid eine Einheit und bildet gemeinsam eine Truppe, die den Vorstoß wagt, und ihr werdet die Gewinner sein und alle anderen mit auf die Seite der Gewinner herübernehmen. Seid ein Vorbild, und ihr werdet unendlichen Dank dafür empfangen!

Ende ohne Ende

Wenn ein Buch zu Ende geht, dann gibt es üblicherweise noch einmal eine Zusammenfassung aller besprochenen Erkenntnisse. Das wollen wir hier auch so halten, und Ihnen, unserem Leser, erst einmal sagen, dass wir uns sehr freuen, dass Sie den Mut hatten, dieses Buch zu Ende zu lesen, denn für den „normalen" Menschen ist dies eine besonders schwere Lektüre. Der Grund dafür ist, dass man zuerst einmal die Existenz von höheren Wesen akzeptieren muss, um mit dem Inhalt dieses Buches etwas anfangen zu können. Es ist nicht leicht zu akzeptieren, dass Geistwesen, die nur aus Licht bestehen, die Geschicke dieser Welt so stark beeinflussen können. In Wahrheit wollen wir das auch nicht, denn die Menschheit hat einen klaren Auftrag bekommen. Um diesem Auftrag aber gerecht werden zu können, bedarf es mehrerer Schritte: Der Mensch musste zuerst einmal zur Welt kommen ohne jegliches Bewusstsein darüber, woher er kommt, was er hier eigentlich soll und wohin er nach seinem Tod geht. Im Laufe seines Lebens widerfahren ihm Unmengen von Ereignissen, die er als rein zufällig erachtet, ohne die Zusammenhänge mit ihm selber zu verstehen. Von Zufall ist laufend die Rede, doch alles geschieht aus einem ganz bestimmten Grund, und der ist darin zu suchen, dass jede Seele vor ihrem Eintritt in einen menschlichen Körper die Erfahrungen ausgewählt hat, die ihr in ihrem Wachstum dienlich sind. Menschen mögen diese oft sehr tragischen Geschehnisse als dramatisch und vielleicht auch als ungerecht empfinden, doch in Wahrheit ist alles so in Auftrag gegeben worden und von jeder Seele genau so gewünscht. Der Mensch hat durch sein bewusstes Sein die Möglichkeit, sein Leben frei nach seinem Willen zu gestalten, doch die bestellten Erfahrungen werden ihm in jedem Falle im Laufe seines Lebens zuteil. Das Ziel ist das persönliche Wachstum als Mensch einerseits und seiner Seele andererseits. Als Mensch in seinem Wirken auf Erden und als Seele als die Einheit – als das gesamte Erfahrungswerk vieler Inkarnationen – ausgestattet mit der Weisheit allen Seins und dem vollen Bewusstsein ihrer Göttlichkeit. Alles ist Teil von Gott, und alle Menschen sind in eine von Gott geschaffene Welt entsandt worden, um seine Göttlichkeit und seine schöpferische Kraft selbst zu erfahren und die Welt in ihrer Herrlichkeit zu genießen.

Der Auftrag des Menschen besteht darin, über die Dramatik des Lebens hinweg die ganze Herrlichkeit des Universums zu erkennen und dies an alle anderen Wesen dieser Erde weiterzugeben. Die Weisheit der Seele, wenn sie zurückkommt in die Welt des Lichts, ist nach Abschluss der Inkarnation um ein Vielfaches erweitert und ihr Bestreben gilt letztlich der Rückkehr in die Einheit mit Gott. Gott zu sein, bedeutet Barmherzigkeit und Liebe – doch genau das fehlt den Menschen noch in voller Ausprägung, und um sich darin zu üben, sind sie hier. Der Aufstieg in die 5. Dimension, worum es hier hauptsächlich geht, ist der Weg der Menschheit in eine neue Welt, die mit einer großen „Portion" Göttlichkeit angereichert wurde und in der der Mensch neue Möglichkeiten zur Erfahrung seiner selbst haben wird. Der Weg dorthin ist von vielen Erfahrungen gekennzeichnet, die durch die Ausweitung des Bewusstseins ausgelöst werden. Der Weg dorthin ist für die Menschheit ein großer Schritt und eine große Freude für uns Wesen aus dem Licht, zu sehen, wie eine lange Epoche menschlichen Daseins zu Ende geht und eine neue beginnt, in der unter neuen Vorzeichen der Erfahrungsschatz der vergangenen Inkarnationen mit eingebracht werden kann, um die Herrlichkeit des Ganzen und die Einheit mit Gott noch intensiver zu erfahren. Wenn dieses Buch endet, dann beginnt eine neue Ära der Menschheit, denn das Leben endet nie – bis in alle Ewigkeit!

Ein Menschenleben ist, gemessen an der Ewigkeit, nur ein kleiner Funke, der fast nicht wahrnehmbar ist – doch es ist ein großer

Schritt für die Seele des Menschen, wenn sie die Inkarnation gewählt hat, um Erfahrungen zu sammeln. Ihr Menschen seht alles zu dramatisch, weil ihr an das Leid gewöhnt seid, nachdem die Getrenntheit euch dieses viele Leid hat erfahren lassen. Nun ist es genug, denn die Menschheit hat ausreichend erfahren, dass die Getrenntheit dauerhaft nicht dienlich ist, und alle wissen ganz tief in ihrem Herzen, dass es einer Veränderung bedarf. Ein Instinkt, der euch sagt, dass es jetzt an der Zeit ist, ein neues Leben zu beginnen – ein völlig neues Leben, das mit dem jetzigen in keinster Weise vergleichbar ist. Diese Umstellung eures Daseins erfolgt ziemlich rapide und in sehr kurzer Zeit, denn es ist anders nicht möglich. Wie bereits erwähnt, kann der Mensch nicht zugleich in der Trennung und in der Einheit existieren und somit muss zu einem Stichtag eine Wandlung erfolgen. Die meisten Menschen haben bereits verstanden, dass wir Wesen aus dem Licht existieren und dass wir den Auftrag haben, das Leben auf der Erde gemäß seiner Bestimmung zu steuern – dies tun wir jetzt, indem wir die Energieströme der Liebe auf euren Planeten richten und euch so weit emporheben, dass die Dramatik eurer alten Leben und die unzähligen Erkenntnisse daraus eine andere Bedeutung erlangen. Ihr werdet sie lediglich als Erfahrungen bewerten, die ihr in der Getrenntheit machen wolltet, doch ihr werdet ihre Dramatik weit weniger beurteilen und auch weit weniger als solche empfinden. Freut euch auf eine neue Gesellschaftsform, die euch neue Möglichkeiten eröffnet, von denen ihr bisher nur geträumt habt, und freut euch auf eine neue Weltordnung, die euch eine ungeahnte Freiheit und Entwicklungsmöglichkeit bringt.

Ihr Menschen seid jetzt gefordert, euch darauf vorzubereiten! Nehmt diese Zeilen als klare Aufforderung, jetzt sofort mit der Umstellung eures Bewusstseins zu beginnen, und unterstützt den Prozess, den wir schon vor langer Zeit eingeleitet haben. Unterstützt euch selbst und die Menschen in eurem Umfeld und beginnt, über die Inhalte dieser Seiten zu diskutieren. Schätzt die Skeptiker ebenso wie die Menschen, die bereits einen Schritt weitergekommen sind, und diskutiert über die möglichen Auswirkungen auf das Leben jedes Einzelnen. Diskutiert über die Chancen, die euch gegeben werden, und diskutiert über eure Gefühlslage, wenn ihr erfahrt, wozu die Liebe Gottes fähig ist.

Allen Menschen sei gesagt, dass sie hier nicht nur ein Buch in Händen halten, das einfach dem Zweck dient, sie etwas zu lehren oder zu unterhalten – dieses Buch ist eine Botschaft, und diese Botschaft stammt von Gott – und diese Botschaft ist für alle Menschen bestimmt – und diese Botschaft soll hinausgetragen werden in die ganze Welt. Ich fordere euch hiermit auf, die Chance bereits im Vorfeld zu ergreifen und euch auf das bevorstehende Ereignis einzustellen – euren Horizont zu erweitern und Gedanken zuzulassen, die bisher vielleicht undenkbar waren. Die Entwicklungen auf der Erde stehen unter höchstem Schutz und können nicht aufgehalten werden – alle Mächtigen dieser Erde werden das entweder akzeptieren und freiwillig dafür sorgen, dass die Macht auf alle Menschen verteilt wird, oder sie gehen den härteren Weg der schmerzlichen Erkenntnis, dass Macht und Geld nicht dafür geeignet sind, um daran festzuhalten. Festhalten kann man sich allein an seinem Glauben an das Leben und an die Liebe von Gott. Die einzige Konstante auf der Welt!

In der Vorbereitungszeit wird es sicherlich öfter vorkommen, dass ihr einem Kritiker gegenübersteht – achtet seine Einwände und bittet ihn, dass er nur für einen Moment die Möglichkeit in seinen Gedanken zulassen soll, dass all dies tatsächlich geschehen wird – er soll lediglich kurz die Möglichkeit in seinem Bewusstsein freischalten und sich für einen Moment das neue Leben in der skizzierten Form vorstellen. Lasst ihn mit dieser Information davonziehen, und er wird selbst beginnen, sich zu öffnen. Zu einem späteren Zeitpunkt könnt ihr die Diskussion dann fortsetzen.

Geliebte Menschen, ich segne euch mit der Liebe Gottes – ich segne euch mit der Gewissheit eurer Göttlichkeit – und ich segne euch mit dem Bewusstsein der Einheit! Ich verabschiede mich hier an dieser Stelle von euch und hinterlasse euch die Botschaft aus dem

Licht. Ich hinterlasse euch den Schutz und die Unterstützung aller Engel auf Erden und aller Engel aus dem Licht. Ihr seid behütet in unserer Liebe zu euch, und ihr seid behütet in der Gewissheit, dass das Leben nie endet! Ihr Menschen steht unter dem Schutz der allerheiligsten Quelle – ihr steht unter dem Schutz eures größten Freundes und Schöpfers – ihr steht unter dem Schutz von Gott, dem Schöpfer von allem, was ist. Ich verkünde euch die frohe Botschaft unseres Herrn, und ich verkünde euch die frohe Botschaft unseres allmächtigen Gottes, der euch dazu auserwählt hat, seine Eigenschaft als Schöpfer auf der Erde fortzuführen, und bedanke mich für euer Vertrauen ins Leben. Seid gegrüßt aus dem Licht und habt die Gewissheit, dass wir immer bei euch sind!

Euer Erzengel Gabriel
Verkünder des Wortes Gottes
und Beschützer der Menschheit.

Botschaften

Botschaft an die Lichtarbeiter

Meine geliebten Helfer auf Erden – ich heiße euch herzlichst willkommen zu eurer nächsten großen Aufgabe! Ich segne eure bisherigen Bemühungen und überbringe euch den Dank der ganzen Menschheit und den Dank der weißen Engel! Ihr habt Großartiges vollbracht und im Vorfeld der Erde einen wunderbaren Dienst der Liebe erwiesen! Es ist Zeit für den großen Aufstieg – es ist Zeit für den großen Endspurt, der wieder eure Unterstützung benötigt. Ich danke euch bereits jetzt für euren wiederum großartigen Einsatz bei der Erfüllung der Menschheit mit Liebe und Herzlichkeit. Ihr werdet Erlösung verspüren, wenn der Aufstieg in die 5. Dimension geschafft ist, und ihr werdet Dankbarkeit erfahren nicht nur von uns aus dem Licht, sondern von allen Menschen auf Erden. Große Dankbarkeit und Ehre wird euch zuteil für eure Beharrlichkeit und eure Geduld. Doch jetzt ist der große Tag nicht mehr weit, und es ist jetzt an der Zeit für euch, aufzustehen und an die Öffentlichkeit zu treten und der Menschheit zu verkünden, dass ihr Lichtarbeiter seid und euer Kontakt zur Welt des Lichts euch beauftragt mit der Heilung der Menschheit, mit der Heilung der Erde und mit der Unterstützung des Aufstiegs in die nächste Bewusstseinsebene.

Euer Einsatz die Jahre zuvor hat die Erde in der Gunst des gesamten Universums weit nach vorn gebracht – die Liebe, die ihr bereits Jahre zuvor gespendet habt, wurde vom Rat des Universums wohlwollend aufgenommen und hat einen großen Beitrag geleistet, dass dieses Ereignis jetzt in dieser Form überhaupt möglich ist. Ihr habt einen Beitrag geleistet, der von unschätzbarem Wert ist, und ihr habt der Erde und euch selbst einen großartigen Dienst erwiesen. Der Dank, der euch dafür zuteil werden wird, ist unbeschreiblich! Ich möchte euch nun noch einmal darum bitten, euch zu besinnen und zusammenzutreffen – tut dies regelmäßig, und ihr werdet sehr viel früher die Erde in ihrer ganzen Pracht erstrahlen lassen. Ihr könnt jetzt Enormes beitragen – genau so wie damals!

Freut euch, denn jetzt sind es nur noch Tage, die man bereits zählen kann – die Veränderungen sind weltweit spürbar und die ersten Blüten gehen zaghaft auf. Unterstützt diesen Prozess und macht den Menschen klar, dass ein Jahrtausend-Ereignis bevorsteht, das seinesgleichen sucht, und dass der Menschheit völlig ungeahnte Möglichkeiten offenstehen werden, wenn der Aufstieg geschafft ist. Es liegt auch an euch, denn ihr könnt diesen Prozess jetzt beschleunigen und dadurch den Aufstieg noch reibungsloser erfolgen lassen. Geht hinaus und klärt die Menschen über die bevorstehenden Veränderungen auf, und es wird alle mit Freude erfüllen, davon zu hören. Sagt ihnen, dass jeder in Gedanken lediglich zulassen muss, dass dies möglich ist, und schon ist vieles geschafft.

Eure Aufgabe wird es außerdem sein, der Erde wieder soviel Liebe zu geben wie euch nur möglich ist. Trefft euch und spendet der Erde die Liebe, die sie verdient hat, und begegnet den Menschen so liebevoll wie nie zuvor. Dadurch verändert ihr bereits im Vorfeld das globale Gedankennetzwerk und erhöht die Schwingung darin, sodass viel früher Frieden auf Erden einkehren kann und Kräfte zur Vorbereitung auf den Aufstieg freiwerden. Steht auf und klärt die Menschen über das Ereignis auf und verkündet die frohe Botschaft. Ich zähle wieder auf euch und bedanke mich nochmals mit der Liebe unseres Herrn – seid gesegnet, ihr Helfer auf Erden – seid gesegnet, ihr Engel auf Erden – seid gesegnet in unserer ganzen Liebe. Ich bin Erzengel Gabriel – Verkünder des Wortes Gottes und Beschützer der Menschheit.

Botschaft an die ältere Generation

Ihr lieben Menschen, die ihr schon lange auf dieser Welt verweilt und über einen so großen Erfahrungsschatz verfügt – ich grüße euch aufs Herzlichste aus der Welt des Lichts. Ich bin Erzengel Gabriel und ersuche euch um eure Aufmerksamkeit. Der Welt steht ein Jahrtausend-Ereignis bevor – ihr befindet euch in der Zielgeraden zum Aufstieg der Menschheit in die 5. Dimension. Es ist von größter Wichtigkeit, dass ihr versteht, dass diese Veränderungen von größter Bedeutung sind – für euch Menschen und für euren Planeten Erde. Diese Veränderungen haben eine dermaßen große Tragweite und so viel Einfluss auf eure Gesellschaftsform, dass es wichtig ist, euch erfahrenen Menschen mit dabei zu haben, um der Welt mit eurer Lebenserfahrung und eurer Weisheit zur Seite zu stehen. Ihr habt so viele Jahre in der Getrenntheit verbracht, dass ihr gar keine Vorstellung mehr davon habt, was die Menschheit alles vollbringen kann, wenn sich alle Menschen daran erinnern, dass sie aus derselben Quelle entstammen und alle ein Abbild Gottes sind.

Eine neue Welt entsteht mit einer neuen gesellschaftlichen Ordnung, die in der Übergangsphase eure Weisheit dringend benötigt. Ich ersuche euch, darüber nachzudenken und euch mit diesem Thema auseinanderzusetzen, damit ihr alle möglichst gut vorbereitet auf das Ereignis zusteuern könnt. Ihr braucht lediglich die Bereitschaft, euren Geist zu öffnen und euch vorzustellen, dass es eine Welt ohne Geld, Gier und Machtmissbrauch geben kann, eine Gesellschaft, die ausschließlich zum Wohle der Gemeinschaft arbeitet. Die Phase des Übergangs wird für euch besonders wichtig sein – unterstützt die jungen Menschen dabei, sich ruhig an die neuen Umstände zu gewöhnen, und animiert sie dazu, sich einzubringen, um der Gesellschaft zu dienen und dadurch selbst wachsen zu können. Eure Besonnenheit ist von größter Bedeutung, sowie eure Erfahrung und Friedfertigkeit. Ihr habt euer Leben lang genug gekämpft, und jetzt dürft ihr euch darauf freuen, dass dies ein Ende hat und ihr die

Möglichkeit bekommt, euch nur um die Dinge zu kümmern, die eurer Berufung entsprechen und euch große Freude bereiten. Ich zähle auf euch und freue mich bereits jetzt auf ein Wiedersehen in der Gemeinschaft mit Gott und dem ganzen Universum. Ich bin Erzengel Gabriel – Verkünder des Wortes Gottes und Beschützer der Menschheit.

Botschaft an die junge Generation

Ihr geliebten jungen Menschen auf dieser wunderschönen Erde – ich bin Erzengel Gabriel und ich begrüße euch sehr herzlich aus der Welt des Lichts! Ihr habt die große Ehre, zu den Auserwählten zu zählen, die das Jahrtausend-Ereignis erleben dürfen und den Aufstieg der Menschheit in die 5. Dimension erfahren. Eine besondere Ehre ist dieser Wandel des menschlichen Daseins auf dieser Erde, denn nur die Wenigsten dürfen so ein Jahrtausend-Ereignis miterleben. Freut euch auf großartige Veränderungen, die euch unmittelbar bevorstehen! Ihr steuert auf eine Veränderung eures Bewusstseins zu, indem ihr die Getrenntheit verlasst und euch wiederfindet in der Einheit mit allen Menschen, mit Gott und dem ganzen Universum. Diese Einheit wird euch ungeahnte Möglichkeiten eröffnen und dafür sorgen, dass ihr aufhören könnt, täglich um eure Existenz zu kämpfen. Der Kampf wird ein Ende finden und das bereits sehr bald! Eure Veränderung im Geiste geschieht in einem langsamen Prozess, der schon seit geraumer Zeit im Gange ist und demnächst seinen Höhepunkt erfahren wird. In der Zwischenzeit werdet ihr mehr und mehr die Dinge von euch weisen, die euch nicht mehr zeitgemäß erscheinen, und euer Bewusstsein wird es nicht länger zulassen, dass Menschen ausgebeutet werden und die Reichen durch die Macht des Geldes die Welt zu ihren Gunsten regieren.

Diese Veränderung wird jedoch friedlich ablaufen, und ihr werdet aufgrund eures verändertes Bewusstseins und des Übergangs in die nächste Dimension der menschlichen Entwicklung neue Möglichkeiten erfahren, die euch bislang unmöglich erschienen sind. Diese Möglichkeiten sind dermaßen weitreichend, dass ihr etwas Zeit brauchen werdet, um euch darauf einzustellen. Während dieser Zeit ist es für euch und die ganze Menschheit von größter Bedeutung, dass ihr besonnen bleibt und euch ruhig verhaltet und danach trachtet, dass ihr eine Aufgabe übernehmen könnt, die der Allgemeinheit dienlich ist – so lange bis die neue Struktur eures gesellschaftlichen Zusammenlebens ausgebildet ist und jeder seiner individuellen Entwicklung und seiner Berufung nachgehen kann. Während dieser Zeit habt ihr eine ganz besondere Aufgabe, die darin besteht, euren jungen Mitbürgern klarzumachen, dass dies eure große Chance ist, aus den Abhängigkeiten, in denen ihr derzeit lebt, auszubrechen und eine ungeahnte Freiheit zu genießen. Freut euch darauf, denn euer Forscherdrang wird euch Möglichkeiten eröffnen, die sich die Menschheit bisher nicht einmal erträumen konnte. Ich zähle auf eure Unterstützung des Prozesses und freue mich auf ein Wiedersehen in der 5. Dimension. Ich bin Erzengel Gabriel – Verkünder des Wortes Gottes und Beschützer der Menschheit.

Über den Autor

Am Ende dieses Buches möchte ich Ihnen einen Einblick in mein Leben geben und Ihnen erzählen, wie ich dazu gekommen bin, diese Zeilen zu verfassen und als Channel-Medium tätig zu sein:
Ich verfüge über die mittlerweile bei vielen Menschen ausgeprägte Fähigkeit, mit den Wesen des Lichts – unseren geistigen Führern – in Kontakt zu treten, um von ihnen Botschaften zu empfangen und Antworten auf Fragen zu meinem Leben sowie dem Leben anderer zu bekommen. Bei diesen Fragen dreht es sich in erster Linie um Verständnisfragen für gewisse Vorkommnisse und um Fragen, die die Zukunft betreffen. Der Fragende erhält mit sehr liebevolle und weise Botschaften und kann, dadurch gestärkt, seine eigenen Entscheidungen neu bewerten und sein Leben danach ausrichten. Dieser Kontakt zu meinen geistigen Führern war mir bereits in vielen Lebenslagen sehr hilfreich und hat mir im Laufe der Zeit sehr viele Erklärungen für die verschiedensten Ereignisse in meinem Leben gegeben, für die ich sehr dankbar bin. Im Zuge einer dieser Konversationen kam eines Tages eine interessante Herausforderung auf mich zu: Ich sollte ein Buch schreiben!

Es ist September 2009, ich sitze vor meinem Computer im Auftrag meines höchsten geistigen Führers, Erzengel Gabriel, um mit diesem Buch zu beginnen. In einer der vielen langen Vorbesprechungen haben wir bereits Zweck, Inhalt und die Struktur des Buches festgelegt. Heute bin ich ziemlich aufgeregt und voller Erwartung, welche Informationen mir Erzengel Gabriel für dieses Buch zuteil werden lässt. Ich schreibe dieses Buch nicht, weil ich so intelligent bin oder alles viel besser weiß als alle anderen – ich schreibe dieses Buch, weil ich einen Auftrag erhalten habe, den ich mit großer Freude ausführe. Vor dieser Zeit hatte ich keine Ahnung davon, dass es je dazu kommen könnte, dass die Menschheit in ein neues Zeitalter aufbricht und ich die große Ehre habe, dieses Ereignis nicht nur zu erleben, sondern darüber ein detailliertes Buch zu verfassen.

Doch beginnen wir von vorn. Ich erzähle Ihnen, wie ich selbst die Getrenntheit unseres gesellschaftlichen Lebens erlebt habe und wie sie sich auf meine berufliche Erfahrungswelt ausgewirkt hat. Gleich vorweg möchte ich allerdings festhalten, dass ich auf sehr glückliche und erfolgreiche Lebensabschnitte zurückblicken kann und keine einzige meiner Erfahrungen missen möchte. Darüber hinaus sollten Sie erfahren, wie ich mich vom knallharten Geschäftsmann, der wenig Rücksicht auf Menschlichkeit genommen und den Fokus seines Handelns lange Zeit fast ausschließlich auf den wirtschaftlichen Erfolg gerichtet hat, zum weitaus offeneren und viel liebevolleren Menschen entwickelt habe und wie ich dazu gekommen bin, Channel-Medium zu werden:

Ich bin am 10. September 43 Jahre alt geworden und bereits mein gesamtes Berufsleben im Vertrieb tätig gewesen. Es begann bereits von Kindesbeinen an im Handarbeitsgeschäft meiner Eltern – gerade einmal groß genug, um über den Ladentisch zu blicken, durfte ich meinen Eltern im Geschäft behilflich sein und verkaufte Wolle und Garne zum Stricken und Häkeln an handwerklich begabte Kundschaft.

Schon in früher Kindheit hatte ich in verschiedenen Situationen und häufig am Abend vor dem Einschlafen eigenartige Visionen. Diese zeigten immer wieder in unterschiedlicher Form Szenarien, die vermuten ließen, dass das Leben eine Art von Spiel ist – ähnlich einem Puppenspiel. Ich kam mir des Öfteren vor, als wäre ich eine Puppe in diesem Spiel und von außen würde das Geschehen rund um mich gesteuert. Meine Chance, daran etwas zu ändern, bestand lediglich darin, wie ich auf die jeweilige Situation reagierte bzw. mit welcher Einstellung ich der Sache gegenübertrat. Diese Erlebnisse kamen in unterschiedlichen Abständen immer wieder und dauerten bis ins frühe Jugendalter an. Ich konnte damals mit diesen Phänomenen nicht wirklich etwas anfangen und war nur verwundert über die Laune meiner Phantasie.

Ein weiteres Phänomen trat ebenfalls in Ruhephasen oder in Phasen höchster Konzentration auf. Es entstand z.B. häufig beim Klavierunterricht, wo ich auf die Noten und die Koordination meiner Finger konzentriert war, da verschwand mit einem Mal meine unmittelbare Umgebung, und es bildete sich ein unendlich tief scheinender, hell erleuchteter Tunnel, durch den ich in Gedanken hindurchflog und der kein Ende nehmen wollte – auch die Zeit blieb scheinbar stehen, bis ich meine Konzentration wieder auf andere Elemente meiner Umgebung richtete und dadurch auf die Klavierbank zurückkehrte. Während dieser Reisen fühlte ich mich, als würde ich verschiedene Epochen und Zeitabschnitte bereisen, und konnte an den unterschiedlichsten Orten gleichzeitig sein. Mangels Wissen und Erfahrung konnte ich mit diesen Phänomenen nicht wirklich umgehen, und irgendwann kamen sie nicht wieder. Zu meiner Verblüffung spielte ich während meiner geistigen Abwesenheit absolut fehlerfrei. Heute habe ich gelernt, mit meinen Gedanken in andere Sphären vorzudringen, und erst jetzt kann ich diese Phänomene deuten: nämlich, dass das Leben nur ein Spiel ist, und andererseits, dass wir in der Lage sind, in andere Bereiche, die außerhalb unseres Tagesbewusstseins liegen, vorzudringen. Eine Fähigkeit, die ich scheinbar bereits in frühen Jahren besessen habe, ohne zu wissen, was ich damit Wundervolles anstellen kann. Das zu erkennen, war einer jener berühmten Momente, wo einem ein Licht aufgeht.

Mein Berufsleben führte mich schon früh in die Automobilbranche, in der ich sehr bald mein Verkaufstalent ausbauen und mich hocharbeiten konnte. Über den Umweg vom Autozubehör-Großhandel fand ich zurück zu den Automobilen und löste meinen damaligen Chef als Verkaufsleiter in einem großen Autohaus ab. Er hat mich in meiner aktiven Zeit als Verkäufer sehr viel gelehrt und wechselte verdient in den Ruhestand. An seiner Stelle musste ich mich jetzt den Attacken und Sticheleien einiger Neider im Unternehmen aussetzen, die gerne meinen Job oder besser die damit verbundene Bezahlung gehabt hätten. Meine Tätigkeit bestand neben der Leitung der Verkaufsabteilung daraus, mich den vielen Kämpfen mit diversen Vorgesetzten über Kleinigkeiten der täglichen Arbeit auszusetzen. Letztendlich waren diese nichts anderes als unnötige Machtspiele.

Einige geschäftlich sehr erfolgreiche Jahre später, in denen ich anscheinend zu viele Machtkämpfe hinter mich gebracht hatte, war ich an einem Punkt angekommen, wo ich feststellen musste, dass ich eine gewisse Frustrationsgrenze überschritten hatte – ein tiefsitzendes Gefühl der Resignation machte sich breit und ein lähmungsähnlicher geistiger Zustand trat ein, der mich auch körperlich lahm und müde machte. Ich schlief viel und schlecht, fühlte mich schlapp und unmotiviert und stellte mir oftmals die Frage: Was mache ich falsch, dass ich so demotiviert bin, und warum tue ich mir das eigentlich an? Ohne klare Antwort machte ich weiter und glaubte, durch die Annahme eines Angebots zur Leitung eines Autohauses würde alles viel besser werden.

Eine neue große Herausforderung, die mich motiviert – neue Menschen, die Führung brauchen, neue Automarken, die einige sehr reizvolle Modelle beinhalten, die als Dienstwagen äußerst viel Spaß machen – alles neu, das kann ja alles nur viel besser werden und meine Freude an der Arbeit würde schnell wieder zurückkommen. Weit gefehlt, denn der Druck der Mächtigen aus der Konzernspitze einer großen Automobilgruppe, zu der dieses Unternehmen gehörte, war enorm, und es wurden von mir Dinge verlangt, die unter normalen Bedingungen niemand seinen Mitarbeitern zumuten würde – vom Leistungsdruck angefangen bis zu Vorgaben, wie die tägliche Arbeit zu erledigen sei, die wenigen wirklich Freude bereitet hat, bis hin zur Akzeptanz von Lohnkürzungen, um das Unternehmen wieder auf finanziell gesunde Beine zu stellen. All dies und mehr trieb meine Frustration voran – ich machte einen guten Job – das Geschäft wurde richtig wiederbelebt und das Autohaus florierte. Das war all das, was man von außen erkennen konnte. Doch im Inneren spielten sich viele Dramen ab – es war zu bemerken, wie viel Frustration und Resignation im Spiel war. Meine Aufgabe war, die Moral hochzuhalten und als Motivator aufzutreten, um die Leute bei der Stange zu halten. Wenn jedoch die Macht des Geldes die Leute nicht gezwungen hätte, mangels Alternativen im Unternehmen zu bleiben, so wäre dieses Unternehmen schon vor meiner Zeit auseinandergefallen.

Irgendwann war auch hier der Punkt für mich erreicht, mich zu verabschieden und dem ganzen Druck lebe wohl zu sagen. Mit angeschlagener Gesundheit und einem ziemlich klapprigen Nervensystem machte ich eine Pause, um wieder Kräfte zu sammeln.

Ich hatte mich im Laufe der Jahre zum absoluten Vertriebs- und Marketingprofi entwickelt und zahlreiche Ausbildungen gemacht. Neben Universitätslehrgängen und Spezialtrainings absolvierte ich eine Ausbildung zum Coach und NLP-Master-Practitioner. Mit diesem Rüstzeug und der ganzen Erfahrung ausgestattet, löste ich einen Gewerbeschein für Unternehmensberatung.

Nachdem ich wieder zu Kräften gekommen war und den schönsten Winter meines Lebens mit über 60 Tagen auf Skiern erlebt hatte, musste ich wieder ans Geld Verdienen denken, denn meine finanziellen Reserven würden nicht ewig reichen. Tief in mir drinnen spürte ich, dass ich etwas ganz anderes machen musste, denn ich glaubte, dass für mich nach so vielen Jahren in der Automobilbranche die Freude an der Arbeit ausbleiben würde. Wie durch einen Zufall gelangte ich in die Immobilienbranche, und nach einiger Zeit selbständiger Tätigkeit für ein Maklerbüro und vielen verkauften Immobilien stellte ich fest, dass man hier richtig gut Geld verdienen konnte, und das mit einem verhältnismäßig geringen Aufwand.

Eines Tages wurde unser Immobiliensortiment um zwei neu gebaute Wohnungen bereichert, die sehr schön geschnitten, in angenehmer Lage und zu einem durchaus vertretbaren Preis zu haben waren. Der Bauträger berichtete uns, dass er alle anderen Wohnungen schon vor Baubeginn anstandslos habe verkaufen können und ihm diese beiden übrig geblieben seien. Voller Vorfreude auf ein schnelles Geschäft machten wir uns auf, entsprechende Interessenten für die Wohnungen zu finden. Trotz unzähliger Kundengespräche und Besichtigungen der schönen Stücke vergingen jedoch viele Monate, die Wohnungen ließen sich einfach nicht verkaufen – da machte ich eine interessante Begegnung. Die angehende Ehefrau eines Kollegen war bzw. ist von Beruf Energetikerin und interessierte sich ebenfalls für diese Wohnungen. Bei der ersten Besichtigung sagte sie mir, dass diese Wohnungen niemand kaufen würde, denn die Energien hier seien absolut grauenvoll! Etwas sprachlos fragte ich nach einiger Zeit, ob man das ändern könne, und sie antwortete: Ja, das ist möglich! Sie hatte damit mein Interesse an ihrer Arbeit geweckt und versuchte auf mein Bitte hin, mir zu erklären, wie man hier die Energien optimieren könnte, um dafür zu sorgen, dass diese Wohnungen für ihre neuen Besitzer frei werden. Verstanden habe ich davon so ziemlich nichts, doch die Neugier zwang mich, sie zu fragen, ob ich der Sache beiwohnen dürfte.

Gesagt, getan – zuvor unterzog sie mich einer energetischen Reinigung und machte mich vertraut mit meinen Lebensthemen, die es aktuell zu bewältigen galt. Auf meine Frage hin, woher sie das alles wüßte, denn sie hatte absolut Recht mit ihren Aussagen, sagte sie mir, sie hätte eine Verbindung nach oben. Etwas verdutzt fragte ich: „Wohin oben?" „In die Welt des Lichts, zu deinen persönlichen geistigen Führern", antwortete sie. Im Zuge der gemeinsamen Aufarbeitung alter einschneidender Erlebnisse kam es zu einer vorerst leicht beängstigenden Begegnung mit meinem schon seit vielen Jahren verstorbenen Vater. Nach einem Dreiecksgespräch, worin die Energetikerin als Dolmetscherin fungierte, fand diese Begegnung der anderen Art einen sehr liebevollen Abschluss und ich fühlte mich von einer alten Last befreit.

Nach erfolgter energetischer Reinigung fühlte man sich in diesen Wohnungen so richtig pudelwohl – der Unterschied war sehr deutlich spürbar, und zu meiner absoluten Verblüffung wurden beide

Wohnungen innerhalb kürzester Zeit zum ursprünglich angesetzten Preis anstandslos verkauft. Diese Erfahrungen waren für mich der Beginn meines Weges zur Erforschung der Dinge auf Erden, die wir zwar nicht sehen und auch nicht angreifen können, die jedoch definitiv da sind. Das Geschäft lief gut, und ich war einer der erfolgreichsten Neueinsteiger in dieser Branche. Weniger gefallen hat mir die ungerechte Verteilung der eingenommenen Provisionen zwischen dem Maklerbüro und dem Verkäufer. Ich nutzte daher eine Gelegenheit, um zu einem Bauträger zu wechseln, der deutlich mehr Verkaufsprovision bezahlte.

Nach einigen Monaten Tätigkeit für den Bauträger und um eine spirituelle Erfahrung reicher stellte sich heraus, dass dieses Unternehmen oft weit überzogene Preise von den Immobilienkäufern verlangte und sich dadurch der Verkauf sehr viel schwieriger und aufwendiger gestaltete als ursprünglich angenommen. Nach mehreren Interventionen und vielen leider erfolglosen Gesprächen mit der Geschäftsführung über eine Korrektur der Geschäftsstrategie, die durch hohe Zinsbelastung für bereits fertig gebaute Immobilien auffällig war, legte sich wieder der Schleier der Frustration und Resignation über mich und meine Arbeit. Ich war gut und hatte trotz allem viel Erfolg und verdiente richtig gutes Geld, doch glücklich und zufrieden war ich darüber nicht. Oft fragte ich mich: „Warum bist du nicht zufrieden?" Du hast doch alles, was du dir wünschst – du bist erfolgreich, zählst zu den besten Verkäufern dieser Stadt, verdienst viel Geld und kannst dir so ziemlich alles leisten. Eine gute Frage, die so leicht nicht zu beantworten war! Nach langem Grübeln und Überlegen kam ich dahinter, was mich frustrierte: Es war nicht gerecht, wie hier das Geschäft betrieben wurde. Das Hauptmotiv war Gier und die daraus entspringende negative Energie war die Ursache und der Kern des Übels.

Zurückblickend stellte sich immer dieselbe Ursache als Wurzel meiner immer wiederkehrenden Unzufriedenheit heraus. Letztendlich waren es immer Ungerechtigkeiten, die sich in Form von Geldgier und Machtstreben bzw. Machtmissbrauch manifestierten. Auch vielen anderen scheint es so zu gehen. Wenn man heute die Menschen in den Unternehmen und auf der Straße fragt, ob sie mit ihrem Job wirklich so richtig glücklich sind, so kommt nur selten ein eindeutiges „Ja".

Genau das ist der Punkt, an dem wir heute ansetzen und uns die Frage stellen müssen: Warum muss das so sein? Folgt man meinen Erfahrungen und den Aussagen der vielen anderen Menschen, so stellt man fest, dass in unserer Gesellschaft nahezu alle Menschen mit ähnlichen Frustrationen zu kämpfen haben. Die Menschheit fürchtet permanent um ihre Existenz und glaubt, dass das Anhäufen von Geld in den unterschiedlichsten Formen Sicherheit bietet. Doch der Irrtum ist groß – nichts und niemand kann irgendeine Garantie für den Fortbestand der Existenz abgeben. Die meisten Menschen kämpfen tagtäglich um ihre Existenz, denn um in dieser Gesellschaft existieren zu können und anerkannt zu sein, braucht man Geld, und das muss man sich erst erarbeiten. Doch dann stellt sich die Frage: Wie viel Geld bekommt wer für welche Arbeit, und warum bekommt der eine mehr und der andere weniger – oft für die gleiche Arbeit? Und schon beginnt sich die Frustrationsspirale wieder zu drehen. Aber es darf doch nicht sein, dass wir eine Gesellschaft von zumindest teilweise immer wieder zutiefst unzufriedenen Menschen sind, die als Geiseln des Geldes Zustände akzeptieren, die unserer Gesundheit schaden und uns an der Verwirklichung unserer Träume hindern!

Während ich weiterhin Immobilien verkaufte, beschäftigte ich mich nebenbei mit dem Thema der geistigen Führer und bemühte mich darum, diese Welt des Lichts besser zu verstehen. Als Lektüre wurde mir Band 1 der Trilogie der „Gespräche mit Gott" von Neale Donald Walsh empfohlen, die ich mit vielen Fragezeichen in den Augen gelesen habe. Nach und nach sickerte der Inhalt dieser Bücher in mein Bewusstsein ein und erweckte in mir das große Interesse, in die Welt des Lichts vorzudringen und Kontakt mit ihr aufzunehmen. Mit Hilfe eines sehr guten Channeling-Buches von Sanaya Roman und Duane Packer „Das Praxisbuch des Channelns" versuchte ich, mich für diese Welt zu öffnen. Genau nach Anleitung konzentrierte ich mich, öffnete mein 7. Energiezentrum und ging auf Empfangsbereitschaft. Nachdem ich um Zugang zur Welt des Lichts ersucht hatte, bat ich um Kontakt zu meinen geistigen Führern. Wie aus dem Nichts kam plötzlich ein Energiestrom, der mich von Kopf bis Fuß für einen kurzen Moment durchströmte. Ein sehr angenehmes Gefühl und dann war Stille. Zögerlich fragte ich: „Ist da jemand?" „Ja, Christoph, hier ist jemand – sei gegrüßt!" Und schon war es passiert – ich erhielt Kontakt zu meinen geistigen Führern. Nach anfänglich leicht mulmigem Gefühl meinerseits wurde ich herzlich in der Welt des Lichts willkommen geheißen und stellte fest, dass die Lichtwesen äußerst weise und liebevolle Ratgeber sind, die für so ziemlich alles größtes Verständnis und immer einen weisen Rat parat haben.

Eines Tages offenbarte mir Erzengel Gabriel, als mein höchster geistiger Führer, dass die Wesen des Lichts einen Auftrag für mich hätten, sofern ich diesen ausführen möchte. Der Auftrag lautete: Bring so viele Menschen wie möglich zu uns! Ohne eine genaue Vorstellung davon zu haben, was der Auftrag bedeutet, fragte ich nach näheren Details. Es folgte eine lange Konversation mit klaren Instruktionen und dem Hinweis, dass die Menschheit vor dem Aufstieg in die 5. Dimension stünde und die Wesen des Lichts einen Botschafter suchten, der die Welt mit Informationen darüber versorgt. Schon war es geschehen – fasziniert von dieser Aufgabe, begann ich eine Homepage zu erstellen, auf der ich täglich empfangene Botschaften veröffentliche. Bald danach wurde ich gefragt, ob ich ein Buch schreiben möchte, in dem die Menschheit über den Aufstieg in die 5. Dimension informiert wird, was dies bedeutet und worauf sich die Menschheit vorbereiten soll, damit dieser Wandel unserer Gesellschaft möglichst reibungslos vollzogen werden kann. Dieses Buch halten Sie jetzt in Händen.

Weitere Informationen finden Sie im Internet auf
www.botschafterdeslichts.com

Bitte lesen Sie auch die Fortsetzung dieses Buches
Die Erde, ein neuer Stern
ISBN 978-3-89568-217-9
erscheint ca. 5/2010
im
ch. falk-verlag

2012 im ch. falk-verlag